问题是最好的老师

青少年教育的黄金圈法则

胡敏 著

中信出版集团|北京

图书在版编目（CIP）数据

问题是最好的老师：青少年教育的黄金圈法则 / 胡敏著. -- 北京：中信出版社，2021.3
ISBN 978-7-5217-2750-0

Ⅰ.①问… Ⅱ.①胡… Ⅲ.①青少年教育—研究 Ⅳ.①G775

中国版本图书馆CIP数据核字(2021)第021957号

问题是最好的老师：青少年教育的黄金圈法则

著　　者：胡　敏
出版发行：中信出版集团股份有限公司
（北京市朝阳区惠新东街甲4号富盛大厦2座　邮编　100029）
承　印　者：北京联兴盛业印刷股份有限公司

开　本：880mm×1230mm　1/32　　印　张：6.5　　字　数：102千字
版　次：2021年3月第1版　　　　　　印　次：2021年3月第1次印刷
书　号：ISBN 978-7-5217-2750-0
定　价：49.00元

版权所有·侵权必究
如有印刷、装订问题，本公司负责调换。
服务热线：400-600-8099
投稿邮箱：author@citicpub.com

推荐序

为共同生活而学习

21世纪的教育建立在资源日渐枯竭的背景下。人口增长、资源枯竭和气候变化迫使我们所有人思考可持续发展和后代的需求。与此同时,科技和全球化之间的互动创造了新的挑战与机遇。

全球化与数字化将人、城市、国家和大陆联系在一起,极大地提升了每一个个体与集体的潜力,但这也让世界变得更加多变、复杂和不确定。我们看到世界在无限的增长需求与有限的地球资源之间、金融经济与实体经济之间、富人与穷人之间、国民生产总值的观念与人民的福祉之间,以及技术与社会需求之间越来越脱节。

任何人都不应该把这一切归咎于教育,但任何人也不应该低估人们的知识、技能、态度和价值观在社会和经济发展，以及塑造文化方面所起的作用。虽然数字技术和全球化对我们的经济和社会结构有破坏性的影响，但这些影响并不是预先确定的。我们如何回应这些破坏性变化决定了其结果，前沿技术与我们的文化、社会、制度和经济主体之间持续相互作用。

联合国制定的可持续发展目标描述了消除贫困、保护地球和确保所有人繁荣的行动方针。这些目标是人类的共同愿景，提供了全球化问题中缺失的部分，成为加速时代对抗离心力的黏合剂。但是同样，实现这些目标将在很大程度上取决于今天教室里发生的事。确保可持续发展目标的基本原则成为公民之间真正的社会契约，教育者是这一过程中的关键。

现如今，教育不再仅仅是教给学生"某些东西"，而是帮助学生开发一个可靠的指南针、一些工具，使他们能够在日益复杂、多变和不确定的世界中自信地航行。

教育的成功与身份认同有关，与主体性有关，与目标有关。它关乎好奇心，要求开放思想；它关乎同情心，要求敞开心扉；它关乎勇气，要求我们提升认知、调动社会和情感资源来采取行动。这些是我们最好的武器来对付时代的威胁，包括无知带来的封闭思想、仇恨导致的封闭心灵，以及恐惧，这个主体性的敌人。

那些很容易教授和测试的东西变得易于数字化和自动化。我们已经知道如何教育"第二等的机器人"，也就是那些擅长重复已有知识的人。在这个加速发展和人工智能的时代，我们需要更努力地思考是什么让我们成为人类。

即使读写能力这样基本的概念，也从根本上发生了变化。20世纪，读写能力意味着提取和处理预先编码的信息；21世纪，它和构建、验证知识有关。过去，老师可以让学生去百科全书里查找信息，并相信这些信息是准确和真实的。现在，互联网会给他们上百万个答案，没有人告诉他们什么是对的或错的，真的还是假的。技术允许我们搜索和获取的知识越多，对知识的深刻理解与处理模棱两可的信息的能力就越重要，这意味着需要对观点进行三点定位，即从三个不同的、可信的信息源验证信息的可靠性，并从内容中找到意义。与此形成对比的是，2018年国际学生评估项目（Programme for International Student Assessment，简称PISA）阅读能力结果显示，在经济合作与发展组织成员国中，平均只有 9% 的 15 岁学生能够在隐含线索的情况下区分事实和观点。诚然，这一数字比 2000 年上升了 7%，但同时，对传统读写能力的需求已经完全消失。

我们读写能力的进步远远落后于信息本质的演变，这一事实对当今世界产生了深远的影响。在这个世界里，病毒式传播有时似乎比信息传播的质量更重要。如今，我们发现自己身处"后真相"氛围中，感觉正确但实际上没有任何依据的断言会被认为是事实。算法根据我们的兴趣创建"社交媒体回声室"，从而放大这些观点，让我们与可能改变自己信念的对立观点绝缘。这些虚拟泡沫使观点同质化，让我们的社会两极分化，它们还可能对民主进程产生重大和不利的影响。这些算法不是设计缺陷，而是社交媒体的运作方式——大量同质化信息堆积，但缺乏真正的反思。我们生活在这个数字市场中，任何不是为网络时代打造的东西都在其压力下分崩离析。

传统的学校教育通常是把问题分解成易于处理的小块，然后教学生如何解决这些小块的问题。但是，现代社会创造价值的方式是综合不同领域的知识，把以前看似无关的思想联系起来，将下一个创新需要的点串联起来。

在过去，学校是技术孤岛，技术常常局限于支持和维护现有的实践。现在，学校需要利用技术的潜力，将学习从过去的惯例中解放出来，并以新的、强有力的方式将学习者与知识资源、创新应用联系起来，并让学习者彼此相连。

过去的教育是分离的——教师和教学内容被学科分离，学生被未来职业前景的期望分流。学校的设计是想让学生待在里面，而世界在外面；家校之间缺乏合作，学校之间也不愿合作。未来则需要整合，强调学科互联和学生融合。

在今天的学校里，学生通常是独立学习，在学年结束时，我们证明其个人成绩。但是各国之间变得越相互依赖，我们就越需要伟大的合作者和协调者。在新冠疫情这场大流行病期间，我们可以看到各国的福祉如何日益依赖于人民采取集体行动的能力。学校需要帮助学生学会自主思考，发展出一种自主性，能够意识到现代生活的多元化，这很重要。在单位、家和社区，人们需要深入了解在不同文化和传统中别人如何生活、如何思考，不管他是一个科学家还是艺术家。

基于这些考虑，作为衡量教育成果质量的全球标准的

PISA，在对66个学校系统的最新评估中纳入了全球胜任力。要在评估中表现良好，学生需要证明他们能够将对世界的认识与批判性推理结合起来，并且能够调整自己的行为和沟通方式，与来自不同传统及文化的人互动。

在教育方面总体表现出色的国家往往表现出更高的全球胜任力水平，这一点似乎并不意外：在PISA学科测试中表现良好的两个国家——新加坡和加拿大，他们的学生在全球胜任力方面也名列前茅。有趣的是，像哥伦比亚这样的国家，学生在阅读、数学和科学任务上往往很吃力，但在全球胜任力方面却表现良好，远胜于基于阅读、数学和科学成绩的预期。此外，英国的苏格兰、西班牙、以色列、巴拿马、希腊、克罗地亚、哥斯达黎加和摩洛哥的全球胜任力调查结果也高于预期。但是，韩国和俄罗斯联邦的学生表现不如预期。

各国学生的适应能力和对未来的开放程度也各不相同。越南的学生在PISA数学测试中表现优异，但认为自己有信心处理异常情况、可以改变行为以满足新情况的需要，或认为自己即使在压力下也能适应不同情况的学生比例最低。相反，数学成绩较差的墨西哥学生不害怕处理模棱两可的信息和不确定的事务。

所有这些都表明，在我们这个时代，一些对成功至关重要的能力和态度并不是学术成功的副产品。同样重要的是，这些结果与学校和教室里发生的事情密切相关。

最后，虽然大多数学校系统在缩小重点学科的性别差异方面做得很好，但全球胜任力可能没有得到足够多的关注。女孩似乎在理解不同观点上更开放，更尊重也更有兴趣学习其他文化，对移民的态度也更积极；男孩似乎比女孩表现出更强的适应力和认知适应性。这些差异不是天生的，而是反映在男孩和女孩所做的事情上。男孩更有可能了解各国经济的关联性，在网上查找新闻，或在课上一起看新闻。他们更有可能受到老师的邀请，发表对国际新闻的个人看法，参与关于世界事件的课堂讨论，并与同学一起分析全球问题。相比之下，女孩比男孩更有可能在课堂上学习如何解决与同龄人的冲突，学习不同的文化，以及学习来自不同文化的人在某些问题上为何有不同的观点。

这些发现显示了教育如何发挥作用。让学生为一个互联的世界做好准备，需要开设面向世界的课程。PISA 的调查结果显示，在公共卫生、气候变化、贫困、移民或冲突等全球问题，以及跨文化理解等问题的涵盖程度上，国家之间存在巨大差异。重要的是，课程对全球问题的覆盖与学生的相关倾向和他们对这些问题的参与度呈正相关。例如，对贫困成因的讨论越多，学生就越了解移民和人口流动问题。这不仅关系到教师说什么，还关系到师生、学生之间如何互动，比如，学生对校园歧视的看法与自己的观点采择、对来自其他文化的人的尊重、对移民的态度和意识之间存在一致的负相关。当学生感知到教师对特定群体如移民和其他文化背景者的歧视时，也表现出类似的消极态度。

在一个相互联系的世界里共同生活的教育，要超越学校的四堵墙。在经济合作与发展组织成员国中，平均有53％的学生报告他们在学校里接触过其他国家的人，家庭中占54％，邻居中占38％，朋友中占63％。在学校、家庭、邻里和朋友中，和来自其他国家的人接触与学生的跨文化技能和与他人（包括移民）一起生活的态度呈正相关。更重要的是，说多种语言与对全球问题的认知、学习其他文化的兴趣、对移民的积极态度以及理解他人观点的能力呈正相关。

这些正相关表明，拥有不同背景和文化的人之间的接触可以促进理解和减少偏见。例如，交换生或留学项目为一些学生提供了对另一种文化的沉浸式体验。这些课程往往很昂贵，但在数字时代，教育者还可以利用在线平台，根据学生的共同兴趣组织协作活动。

当然，只是了解学校和国家在全球胜任力上所处的位置，并不能回答如何提高全球胜任力这一问题。胡敏教授基于实践的新书《问题是最好的老师：青少年教育的黄金圈法则》，推进了全球胜任力的培养。它不仅阐述了全球胜任力的概念，而且通过其创新的基于活动、项目和问题的 APPB 学习法，为教育者如何转变教育方法以实现和发展全球胜任力绘制了一幅蓝图。它可以帮助教育者和教育机构提升对世界的开放性，提供一个积极和包容的学习环境，并帮助教师为全球胜任力教学做好准备。

做好这一点很重要。今天，年轻人的全球胜任力可能会像阅读、数学和科学能力一样深刻地影响他们的未来。更重要的是，只有那些最重视将社会资本与多元化结合起来的社会，才能培养和吸收最优秀的人才，并培养创造力与创新精神。

安德烈亚斯·施莱歇尔(Andreas Schleicher)

经济合作与发展组织教育与技能司司长，秘书长教育政策特别顾问

2020年12月19日

目录

前言
从"为什么"开始，培养具有全球胜任力的青少年 / 001

1 为什么
为成为具有全球胜任力的人而学习

第 1 节　垒砖还是建教堂？ / 021
第 2 节　巴尔扎克不做律师、达尔文不学医的故事 / 024
第 3 节　梦想，来自真实的生活经验 / 029
第 4 节　全球胜任力：连接家与世界的梦想 / 038
第 5 节　具有全球胜任力的青少年是什么样子 / 049

2 怎么做
APPB 学习法引领的教学变革

第 1 节　问题引领的活动、项目式学习 / 062
第 2 节　活动的魔力——给孩子说话的机会 / 068
第 3 节　项目式学习——对真实问题的探究 / 075
第 4 节　辨析活动、项目、问题的关系 / 089
第 5 节　实用工具——哈佛可视化思维路径 / 094
第 6 节　家长如何为孩子发展全球胜任力搭建脚手架 / 104

3 做什么
可持续发展的 17 个全球议题

第 1 节　哪些是与自己息息相关且关切人类命运的议题 / 119
第 2 节　从教育开始，打破不平等 / 123
第 3 节　艾玛·沃森发起的性别平等活动 / 127
第 4 节　和孩子一起让关爱更普遍 / 137
第 5 节　保护大气层的银河护卫队 / 145
第 6 节　一场减少碳排放的明日之旅 / 153
第 7 节　提供生命之源的魔法森林 / 159
第 8 节　会讲故事的餐盘——17 个可持续发展议题的综合应用 / 165

后记
优加青少的黄金圈法则 / 175

参考文献 / 187

前言

从"为什么"开始,
培养具有全球胜任力的青少年

从"为什么"开始

一个两个月的婴儿皱着眉头,专心凝视正在旋转的床铃,看着看着,忽然绽放出快乐的笑容。这一刻,随着音乐的节奏,床铃的心形灯发出了柔和的光,如此循环往复。这个宝宝在想什么呢?

一个两岁的孩子,晚上睡觉前,看到妈妈关了灯,自言自语:"太阳关了。"他真的认为电灯是太阳吗?

一个 5 岁的孩子,正在兴高采烈地组装科学玩具。他把不同的线按颜色分组与灯泡连接起来,并且宣称,今天晚上家里不许开灯，就用他的台灯。

随着音乐发光的玩具、可以开关的电灯，还有电线与灯泡，这些我们司空见惯的物品，原先其实并不存在，或者说只存在于某些人的想象中。第一次见到这些"人造物"的人，一定都以为看到了奇迹，慢慢地，大家才习以为常。

然而，孩子不会以"一切都本该如此"的眼光看待世界。即使是两个月还不会说话的宝宝，我们也能从他的专注表情中读出问号："为什么变了？"两岁的幼儿，见识大大增加了，生活的经验已经让他明白，太阳是挂在天上会发光的东西，白天能见到，晚上见不到。但是，为什么我们家里也有太阳？为什么妈妈说我们家里的太阳叫"灯"？为什么灯可以随意开关，而天上的太阳不能？

远古先民大约也问过同样的问题：为什么太阳不能想开就开、想关就关？在阴雨连绵的季节、黑暗无边的夜晚，如果可以打开太阳，那该是多么温暖！严重干旱导致颗粒无收的时候，如果可以关闭太阳多好！后羿射掉9个太阳以拯救旱灾的神话流传至今，正是我们的祖先对关于太阳的疑问的回应。

与其他物种相比，人类从最开始就具有更多好奇心。好奇心驱使我们想象全新的事物，询问"为什么"使我们灵活有效地认识自己，并且不断探索和改变生存环境。

科学家是人类富有好奇心和想象力的代表。爱因斯坦说："我没有什么特别的才能，只是充满好奇罢了。"在他看来，好奇心源于一种探求神秘现象的欲望，如孩子凡事都要问个为什么，这种好奇心促使他对人们司空见惯的、懒得思考的事物提出质疑。

文学家也都是好奇宝宝。为什么天上只有一个太阳？一棵树，整天在想什么？田地里那些不起眼的动物，可有喜怒哀乐？对这些看似无用的问题的探究，让我们今天可以阅览丰富多彩的文学作品，无论是后羿射日、嫦娥奔月这样的神话，还是会走路的树、像人一样思考的动物、擅长魔法的精灵，以及无数引人遐想的童话故事，都给予我们无尽的想象空间，滋润心灵，启迪思考。

好的艺术家同样拥有孩童般的好奇心，他们的"为什么"催生神奇的作品。荷兰版画家莫里茨·科内利斯·埃舍尔画出了许多挑战视觉的作品，在著名作品《画手》的画面上，一只手拿着画笔，在画着另一只手，仿佛在向欣赏的人提问：到底是哪只手在画另一只手呢？据说，《哈利·波特》《盗梦空间》《迷宫》等影片都参考了埃舍尔的作品的灵感，一款叫作《纪念碑谷》的游戏，也向埃舍尔的"矛盾空间"致敬。

回望历史，正是不断询问为什么的人，发现了自然界的许多规律，发明了现代人所需的种种设施，改造了我们生存的环境，塑造了人类的精神文明，让我们今天的生活与百年前、千年前相比发生了翻天覆地的变化。

《从"为什么"开始》一书的作者西蒙·斯涅克，在研究了众多具有影响力的个体与团队组织后，发现他们的思维方式、行动方式和沟通方式如出一辙，都从询问"为什么"开始。他把这个规律总结为"黄金圈法则"。

什么是黄金圈法则

黄金圈法则是一种思维模式，用由内到外的 3 个圈表示：最里层是"为什么"（Why），也就是信念、使命；中间层是"怎么做"（How），是我们受信念和使命驱动而做出的举动；最外层的"做什么"（What），是这些举动的结果。

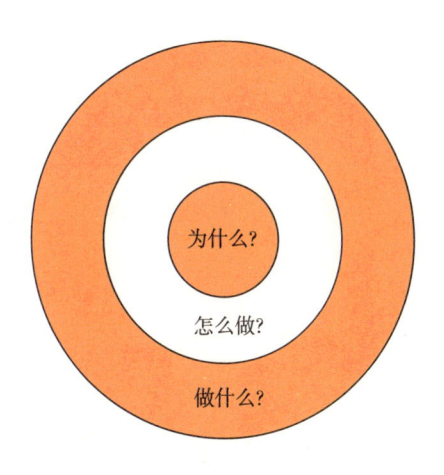

图1 黄金圈法则：从里到外依次是为什么、怎么做、做什么

如果说黄金分割证明了看似无序的大自然存在自己的秩序，那么黄金圈法则就意味着在人类行为中找到了秩序和可预测性。它让我们看到，行为背后的原因，也就是为什么做，支撑着做这件事的信念和使命，驱动个体主动学习和探索，最终取得卓越的成就。

从外圈开始往里看，一层层深入核心，能帮助我们更好地理解黄金圈法则。

做什么。世界上大部分人都知道自己是"做什么的"。当你询问一个人"你在做什么"或"你是做什么的",很快就能得到答案。学生可能会说我在做一个项目,教师也许会说我在教一门课程,家长可以说我在照顾孩子。无论处于什么状态,大部分人都能描述自己在做什么。

怎么做。有些人知道自己是"怎么做的"。同样是做一个项目、教一门课程,或者照顾孩子,"你是怎么做的",意味着你的做法跟别人不同,或者为什么你做得更好。这个问题的答案不像"做什么"那么容易,需要一定知识、技能和经验,由此,一些人认为"怎么做"是造成差异的根本原因,导致市面上讲成功方法的书籍广受欢迎。但是,你可能忽略了真正的关键因素——"为什么而做"。

为什么。能够说清楚"为什么而做"的人很少。学生完成一个项目本身就是一项成果,但为什么要做这个项目?是为了完成学习任务还是为了解决一个真正的问题,或者就是单纯满足好奇心?换句话说,驱动一个人行动的原因是什么?目的是什么?信念是什么?对这些问题的回答，定义了这件事情的意义，甚至决定了一个人将成为什么样的人。

今天的青少年为什么而学习？

"为什么"先行的黄金圈法则，解释了为什么某些人拥有其他人不具备的学习能力、毅力与感染力。那么，今天关注孩子成长的我们，也从为什么而学习开始。

现代社会的孩子不用像远古时代的人，为了生存，练习攀爬的技巧以便采摘悬崖或者大树上的果实，辨识动物的行动痕迹以便寻找猎物或者躲避危险，观察天象为出行做准备。从农耕文明到工业时代，我们依靠一代代人的积累，逐渐解决了温饱问题，孩子童年时需要做的事情演变为学一些知识、技能，把这些用于谋生，或者应试，满足生活所需。

当人类进入 21 世纪后，学习的含义再次发生了变化。21 世纪有两大特征——知识化、全球化。

知识，在 21 世纪被重新定义。曾经，"学好数理化，走遍天下都不怕"；今天，没有学好"数理化"的人，也能用他们独特的知识和能力生活得很好，花样百出地创造财富。曾经，学习的目标是为了获得系统的专业知识，在就业市场上独领风骚；今天，"阿尔法狗"打败了柯洁九段，IBM的超级计算机Watson可以"独立看病"了，扫地机器人成为家庭普通配置，未来更多工作都将由机器人完成。曾经，人们获取知识的途径是课堂、老师、书籍；今天，很小的孩子已能娴熟使用手机、电脑、网络，无数在线学习资源唾手可得，互联网时代的学习完全颠覆了传统教育的概念。

当数据、信息在所有人之间自由传递，获取记忆性知识就不再是学习的最重要目的。如何将知识转化为智慧，拥有哪些能力才不会被人工智能取代，是面向未来的教育的热议话题。

全球化从 1.0 时代走向了 3.0。如果说传统的全球化始于两千多年前的丝绸之路到大约 500 年前的大航海运动，通过贸易让世界各地的人相遇，那么今天以互联网连接起来的"地球村"，则让人们处处相遇。天涯若比邻的全球化时代已经到来。在这样一个时代，我们看到，优秀的学校在全球招生，优秀的企业在全球揽聘人才。拥有全球视野，让我们的学习跨越国界，国际化人才的成长之路向更多人开放，更多个体拥有机会进行全球化学习、工作，与远在天边的人交往、合作。竞争也变得不再局限于一时一地。

当世界的联系越来越紧密，即使不出国，我们也需要跨越语言、文化的差异，与不同民族、种族的人进行交往。电视里、大街上，或者你的隔壁座位，都可能遇见外国人。如何理解他们的说话与行为方式？怎样跟他们聊聊我们的历史与文化？如何跟他们合作共事？培养全球公民已经是新时代的教育命题。

青少年生活在这样的时代，不用因生存压力而困守一隅，有更多机会循着兴趣探究广阔天地，终身学习，这是一种幸运。在这个时代，具有好奇心、批判性思维和创新能力，善于观察世界、发现问题、提出解决方案，同时又了解自己，具有同理心，能够与来自世界不同背景的人交流与合作，这样的青少年可以生活得更自在，并且具有最大的创造力。这些素养构成了全球胜任力。

全球胜任力引领的青少年教育黄金圈法则

2015年9月25日，联合国正式通过17个可持续发展目标（Sustainable Development Goals，简称 SDGs）。这些目标相互关联，提出了人类面临的全球挑战，也成为实现所有人更美好和更可持续未来的蓝图。教育界对人类这一共同愿景做出回应，提出培养具有全球胜任力的青少年，适应面向未来的学习与生活。

全球胜任力是 21 世纪人才核心素养的重要指标，是参与全球竞争与合作的素养。具有全球胜任力的青少年，会主动认识与探索世界，识别与欣赏不同观点，与不同文化背景者交流思想，为集体福祉和可持续发展采取负责任的行动。

2017 年 12 月 12 日，经济合作与发展组织（简称经合组织，OECD）与哈佛大学教育研究生院的零点项目（Project Zero）共同发布了《PISA 全球胜任力框架》。2018 年，国际学生评估项目首次对来自世界各地青少年的全球胜任力进行了评估，共 27 个国家（或地区）的学生参加了全球胜任力认知测试并完成了问卷调查，39 个国家（或地区）的学生参加了全球胜任力问卷调查，18 个国家（或地区）的教师参加了教师问卷调查，14 个国家（或地区）的家长参加了家长问卷调查。

培养青少年具有全球胜任力，正在成为教育者们的共识，并且在全球范围内被付诸实践。目前，已有美国、英国、加拿大、新加坡、瑞典、芬兰等国家，在教育体系中纳入了全球胜任力相关内容，我国教育界的有识之士们也早已意识到全球胜任力的重要性，并进行了积极研究与实践。

美国在1988年和1998年发布了两份报告，分别是《为全球胜任力而教》和《为全球胜任力而教：美国未来的通行证》。2012年11月，美国联邦教育部继续发布了《国际教育、国际参与和全球成功》。这份报告强调："全球胜任力是所有人必备的技能，要为所有学生提供世界一流的教育，培养学生的全球能力，借鉴其他国家的经验教训，加强和其他国家的互动。"

英国国际发展部在2010年通过"全球伙伴学校计划"，将英国学校与非洲、亚洲、拉丁美洲和加勒比地区的学校联系起来，把全球发展问题纳入正式课程，探讨全球文化、全球发展。瑞典斯德哥尔摩教育管理局开发了"全球公民计划"，旨在让学生、教师和学校领导了解对瑞典未来发展至关重要的国家，认为与中国和印度的学校建立合作关系，可以让学生为未来的实际需求做好准备，积极促进学生的跨文化能力与文化互鉴包容能力。

与此同时，随着国际地位的提升，中国也对未来人才素质提出了更高的要求。我国《国家中长期教育改革和发展规划纲要（2010—2020年）》中提出，要"培养大批具有国际视野、通晓国际规则、能够参与国际事务和国际竞争的国际化人才"。2015年《统筹推进世界一流大学和一流学科建设总体方案》也提出："全面提升学生的综合素质、国际视野、科学精神和创业意识、创业能力。"未来，中国要在促进世界和平稳定发展中发挥更重要的作用，体现更多大国责任和担当，必须培养具有全球胜任力的青少年。

全球胜任力还引领大学招生与就业。2020年4月，《泰晤士高等教育》发布"2020年泰晤士高等教育世界大学影响力排名"，采用了可持续发展目标作为测评标准，来自85个国家和地区的766所大学参与了这一排名。这一次尝试可以看作衡量大学成就的新风向标，不再仅仅依靠学术成绩和研究声望，而是关注教育对可持续发展的响应，关注青少年个体的全球胜任力。

从教育研究和国际政治关注的主题扩展到广泛的学校实践，从精英教育的培养目标演变成影响高等教育招生和就业的因素，全球胜任力正在引领 21 世纪的教育变革。这回答了青少年教育黄金圈法则的核心问题——为什么——21 世纪的青少年要为成为具有全球胜任力的人而学习。提升全球胜任力，是一项时代使命。

明确了为什么，接下来是怎么做，也就是如何培养全球胜任力。全球胜任力是一项多维能力，是知识、技能、态度和价值观的统一。要提升全球胜任力，青少年需要主动学习，并有时间和机会思考；要具有好奇心、批判性思维和创新能力，善于观察世界，发现问题，提出自己的解决方案；要能自信地表达个人看法，同时愿意尊重他人的观点，学会与不同背景的人交流与合作。培养青少年具备全球胜任力，对当前的学校教育提出了挑战，教师中心、教材中心、课堂中心这种传统的教学方式亟须变革。以学习者为中心，基于活动、项目、问题的学习法（The Activity-, Project-, Problem-Based Learning Approach，简称为 APPB 学习法），正在引领面向未来的教学变革。

APPB 学习法主张青少年学习者先问为什么，带着问题参与学习活动，从活动中增长知识、提升技能；然后将这些知识和技能应用于真实的项目，在寻找解决方案的过程中，增长新的经验；在不断学习、不断验证解决方案的过程中，深化对知识、技能的理解和应用，提出更有深度的问题，继续思考和探究，并将想法付诸行动。由问题驱动的活动、项目，构成一个呈螺旋形上升的循环，不断推进学习的广度和深度，呼应黄金圈法则的为什么先行原则。

明确了黄金圈法则的"怎么做"，最后一个问题就是"做什么"。全球胜任力有 4 个要素：（1）关于地区、世界和其他文化的知识；（2）理解世界和采取行动的技能；（3）尊重不同文化背景的人的开放态度和全球意识；（4）尊重人的尊严和多样性。这 4 个要素指向的议题，就是联合国提出的 17 项可持续目标。这些议题与每个人的生活息息相关，又关切着人类命运，成为最佳的全球胜任力教育内容。

至此，全球胜任力引领的青少年教育黄金圈法则已经明确：在 21 世纪，青少年的使命是不断提升全球胜任力，为实现人类更美好和更可持续的未来而学习和生活，基于活动、项目、问题的 APPB 学习法是最契合的学习方法，最佳学习内容是联合国提出的 17 项可持续发展议题。

图2　全球胜任力引领的青少年教育黄金圈法则

本书围绕全球胜任力引领的青少年教育黄金圈法则，从内圈核心的为什么开始，讨论为全球胜任力而学的必要性；研读 APPB 学习法引领的教学变革，了解怎么做的方法；详解联合国提出的 17 项可持续发展议题，理解全球胜任力教育的学习内容。

第一章讨论"为什么"——为成为具有全球胜任力的人而学习。全球胜任力是 21 世纪人才核心素养的重要指标，是参与全球竞争与合作的素养。具有全球胜任力的青少年，会主动认识与探索世界，识别与欣赏不同观点，与不同文化背景者交流思想，为集体福祉和可持续发展采取负责任的行动。

第二章讨论"怎么做"——基于活动、项目、问题的 APPB 学习法，帮助青少年进行探究性学习。APPB 学习法为青少年提供做中学的机会。做中学是具有强大的理论支撑的教育哲学，意味着孩子不是知识的被动接受者，而是主动学习者，他们积极地收集信息、主动观察、提出问题，寻找新的想法或方案来回答自己的问题。

第三章详解"做什么"——与每个人的生活息息相关，且关注人类命运的 17 个可持续发展议题。全球胜任力教育旨在促进世界可持续和平发展，联合国的 17 个可持续发展目标是实现所有人更美好和更可持续未来的蓝图，也正是全球胜任力教育的重要议题。

在全球胜任力教育中，家长和教师需要做什么？学习是孩子自己的乐趣所在，也是进化的使命必然，乐趣与使命驱动着每一个青少年主动学习、学以致用。作为父母或者教师,我们是搭建脚手架的促进者,要尽可能提供充满爱且安全、稳定的空间,建立有利于探究、创造和深度学习的环境,让充满无限可能的孩子蓬勃发展。

1

为什么
为成为具有
全球胜任力的人而学习

黄金圈法则告诉我们，由信念和使命驱动的行为才可能取得卓越的成就。21世纪青少年教育的黄金圈法则，核心是全球胜任力，这是当代青少年的使命。

本章从人类历史上那些熠熠生辉的伟大人物的故事讲起，探寻他们由信念和使命驱动的追梦路径，提出梦想来自真实的生活经验。

在第4节，重点介绍全球胜任力模型。整个模型是一座全球胜任力大厦，以中国根基为基石，顶层是全球视野，包括六大支柱：作为硬能力的人文科技素养与外语能力，以及作为软实力的国际人才核心素养4C，即沟通、合作、批判性思维、创造与创新。

第1节
垒砖还是建教堂?

一个人经过一个建筑工地,看见3个石匠正在工作,他问他们在做什么。

第一个石匠回答:"我在养家糊口。"

第二个石匠回答:"我在做石匠活儿。"

第三个石匠回答:"我在盖一座教堂。"

这则寓言故事中,3个石匠做的工作是一样的,每日垒砖砌墙,不同的是,他们对工作的定义不同。第一个石匠可能为每日的辛劳而愁苦,甚至抱怨;第二个具有平常心,将此看作一份普通的工作；第三个将自己的劳动看作伟大事业的一部分，这种使命感使他工作时充满动力，遇到困难愿意主动克服。对"为什么"的不同认识，决定了他们3个人的工作状态、效率以及结果。

学习也一样，虽然表面看起来，同龄的孩子都在参加相似的活动，或者一起坐在教室学习，但是由于每个人的动机不同，也就是他们的"为什么"不同，追求的梦想和终极目标不同，所以结果也不同，一定意义上决定了他们会成为什么样的人。

如果一个孩子的学习目标和第一个石匠一样，学习是迫于父母和老师的压力，迫不得已，精神上就不可能愉快，学习什么内容都容易感到疲倦和困难。第二类孩子可能会像第二个石匠一样，为了学而学，只是为了完成规定的学习任务，或者是为了在考试中取得理想的分数，获得老师与家长的表扬。这类学习者的眼光往往局限于提分的功利目的，每逢考试，他们便"头悬梁、锥刺股"，看似抱有极大的热忱，一旦考试结束，学习激情便一去不复返，很难找到进一步提升自己的动力。第三类孩子，他们可能在小小的年纪就表现出自己的兴趣和主见，保持着凡事都要问个为什么的好奇天性，学习绝不仅仅是为了满足最基本的生存需要，也不是为了通过某次考试，而是满足自己的好奇心，不断探寻"为什么"。使命与意义在前，学习就有了动力，过程会变得有趣，更愿意对自己选定的事情全力以赴，最终做出卓越成就。

很多家长和教育者，为孩子的不思进取甚至厌学而苦恼，让我们想一想，是否存在使命与意义不清的问题。如果以三个石匠为例，我们的孩子，是在垒砖还是建教堂？

第2节
巴尔扎克不做律师、达尔文不学医的故事

1819年,一个20岁的法国年轻人,和家里签了一份为期两年的合同:父母每月给他120法郎的生活费确保他专心写作,如果写不出像样的作品,他就放弃文学梦想,回来当律师。这个年轻人正是被称为"现代法国小说之父"的巴尔扎克。

从小,巴尔扎克就表现出了"叛逆"的一面。7岁时,父亲把他送进了管理严格的教会学校读书。然而除了课外书外,巴尔扎克对各种课程毫无兴趣,为此经常受到老师的训斥。好不容易考上了大学,父母为他选择了有"钱途"的法

学院，试图让他成为有地位的大律师。可巴尔扎克对这个行业一点都不感兴趣，他的兴趣是写作，尽管一时半会儿还看不出他在文学方面的才华。大学一毕业，巴尔扎克就决心不做律师，坚持走上毫无保障的文学之路。经过激烈的争论，父母决定给他两年时间写作，并资助他生活费，如果没有成功，就回来做律师。

1819年，巴尔扎克足不出户，一个人关在工作室里，终于完成了首部诗剧《克伦威尔》。他兴奋至极，跑回家对着亲朋好友朗读。等他滔滔不绝念了三四个小时后，席上竟传来一阵鼾声。更令人挫败的是，法兰西学院的一位院士看过后表示："这位作者随便干什么都可以，只要不搞文学。"

然而，巴尔扎克并没有放弃。随后，为了给自己的严肃创作寻求稳定的经济来源，他决定暂时弃文从商。然而，从商的道路并不顺利，他先后经历了破产、倒闭、负债，但生活的苦难和挫折反而成为他创作的养分。

1829年，巴尔扎克发表长篇小说《朱安党人》，迈出了现实主义创作的第一步；1831年出版的《驴皮记》让他声名大震。1834年，巴尔扎克完成了他的优秀作品之一——《高老头》。而后，他以惊人的毅力写出了90多部小说，塑造了2000多个栩栩如生的人物形象，这些小说合称为《人间喜剧》。巴尔扎克的作品仿佛是"法国社会的一面镜子"，展示着法国社会的全貌。

现在，我们来想想巴尔扎克为什么能取得巨大的文学成就。在追求文学的路上，他的困难是巨大的，不仅有违父母的期待，而且遭遇了专家的否定评价，又遇到了生存的压力。但是，他对自己的梦想始终如一地坚持，哪怕中途绕一点路，也是在为实现目标积累经验，最终实现梦想。

让我们再看一个故事。

同一时期的英国，在伦敦郊外的一片树林里，一位年轻人正围着一棵老树转悠。突然，他发现在将要脱落的树皮下，有虫子在蠕动，于是急忙剥开树皮，看到两只奇特的甲虫正急速向前爬去。他一把抓起虫子，兴致勃勃地观察起来。不一会儿，树皮里又跳出一只，他猛地将它藏到嘴里。手里的两只甲虫奇怪的模样吸引着年轻人的注意，让他忘了嘴里还有一只。谁知这种甲虫会释放毒液，蜇得人舌头又麻又痛。

然而，年轻人不顾这疼痛，拿着甲虫走回了剑桥大学。这个年轻人就是大家熟知的英国生物学家、进化论的奠基人达尔文。后来，人们为了纪念他首次发现这种甲虫，便也把它称为"达尔文"。

达尔文出生于一个医生世家，家里希望他子承父业，在他16岁时便将他送进爱丁堡大学学医。但达尔文从小热爱自然，尤其喜爱打猎、采集标本，进入医学院后也没放下这些爱好。父亲认为他"不务正业"，一怒之下，让他改学神学，希望他将来成为一位尊贵的牧师。但是，达尔文对成为牧师并没有什么兴趣，对那些神创论也持怀疑态度，在剑桥大学的大部分时间都在听自然科学讲座、阅读相关书籍、收集动植物标本，依旧表现出对大自然的浓厚兴趣。

1831年，达尔文从剑桥大学毕业。他放弃了成为一名牧师，转而以博物学家的身份，搭乘"贝格尔号"，开始了漫长又艰苦的环球科考之旅。去的地方越多，看到的物种就越丰富。达尔文根据物种的变化，开始思考：万物究竟如何产生？为什么物种会如此千变万化？物种之间有什么联系？

在历时5年的环球考察中，达尔文积累了大量的资料。

回到英国后，他一面整理这些资料，一面深入实践，查阅大量书籍，为他的生物进化理论寻找根据。1859年，达尔文终于完成了科学巨著《物种起源》，提出了"进化论"。

达尔文曾表示，他一生中主要的乐趣和唯一的事业就是科学探索，还有一些在旅行中直接考察得到的最重要的科学成果。这就是达尔文的"为什么"。他循着自己的兴趣，不畏艰辛地从事科学研究，包括冒着生命危险参加环球考察，抑或起早贪黑收集矿物标本，这就是"怎么做"和"做什么"。

为什么有些人能实现梦想，另一些人却早早放弃？在巴尔扎克和达尔文的故事里，我们看到，一个人有自己选定的目标，知道学习和努力是为了什么，就有了追求卓越、坚持不懈的动力。总而言之，由使命驱动的行为更有可能让他人感受到这个人内心的热爱和渴望，从而赢得信任和支持，也更有可能创作出熠熠生辉的作品。

第3节
梦想，来自真实的生活经验

梦想引领我们行动。那些不断询问为什么，不断探寻梦想的人，如爱因斯坦、巴尔扎克、达尔文，在人类文明史上留下灿烂光辉的一页。

梦想从哪里来？来自我们真实的生活经验。

一个孩子从不能自主行动的婴儿成长为活力十足的幼儿，在这个过程中，他探寻了维持自己生存最重要的家庭环境，以及扩展出去的社区空间。通过观察和思考，以及对"是什么"和"为什么"不断提问，两三岁的孩子就已经成为家里的"小侦探"。他们对各种物品的摆放非常熟悉，如果有新来的物品会第一时间发现。另外，孩子熟知家人的生活情况，比如看到父亲饭后坐到沙发上，会赶紧把手机送过去。在这个阶段，他们充分感受到家人的爱，也愿意照顾别人。认知科学家高普尼克讲过一个暖心的故事，说她因为工作压力的关系，有一次回到家就放声大哭，两岁的儿子立刻跑去拿了一大盒创可贴给她。

正式上学之前，每一个孩子都已经具备了一定的生活经验。进了幼儿园和小学，他会认识来自其他家庭的小伙伴，还有与父母同等重要的成年人——老师。集体生活挑战原来的生存能力，比如在家吃饭有人喂的孩子，到了幼儿园要学习自食其力；在家说方言的孩子，到了学校要学习讲普通话。要在学校中愉快地生活，每个孩子需要照顾好自己、交朋友、回应老师的要求。很多研究表明，在幼儿园这个集体生活的初期，生活经验丰富，性格开朗又具有较强行动能力的孩子，会适应得更快更好。

随着年龄增长，一个人的兴趣逐渐发展成学习的动机，引领他持续观察和思考，结合自己的生活经验，学习新知识，不断询问"为什么"。随着经验和知识不断增加，能力不断提升，一个人提出的问题越来越有深度，兴趣持续的时间也越来越长，与世界发展的交集变得越来越丰富而深刻，创造与改变世界的梦想就会开始萌芽。

教育哲学家杜威提炼了这一过程，做出关于教育本质的论述："教育即生活，教育即生长，教育即经验的改组或改造。"他说"一切真正的教育从经验中产生"，每个孩子都带着自己的生活经验。"学校即社会"是这种教育观的外化，学校具有社会生活的含义，这样学校内的学习就与生活和经验联系起来了，以这些经验为基础的学习能够更好地发挥人的主动性。

21世纪孩子的生活是什么样的？他们出生在一个以知识化、全球化为特点的时代，新知识、高科技、世界议题随处可见可得。

年轻的一代被称为"数字原住民"。这个概念由美国哈佛大学的网络社会研究中心和瑞士圣加仑大学的信息法研究中心的研究人员提出，用来称呼一出生就在网络世界里的一代人，数字化生存是他们从小就习惯的生存方式。《连线》

杂志的主编凯文·凯利被许多人看作"网络文化"的发言人和观察者，他有一个观点，在未来，不能互动的东西就是"坏掉"的东西。凯文·凯利讲过一则趣事。一个刚刚学会说话的女孩经常使用平板电脑里的软件画画，有一天，她爸爸将一张打印出来的照片放到桌上，这个女孩走上前去，用手指拖放照片想使它变大，尝试了几次都没有成功，然后困惑地看着爸爸说："坏了。"

今天的儿童，他们一出生就是"地球村"的村民。随处可见外国人的形象，或者遇到外国人；食物和生活用品包装上可能印着外国文字；家庭和校园中随时可能听到英语儿歌；即使是偏远地区的孩子，也能从电视上看到发音和长相与自己不一样的外国人。所以，世界对他们来说并不陌生。

由此可见，一个孩子成长为全球公民的过程，从小就开始了。每个孩子离开家进入幼儿园，就要学习与不同生活背景的同学相处，学习新的语言。同学们家庭背景不同，阅读体验也不同，比如只看过《小猪佩奇》《汪汪队立大功》《海底小纵队》的小朋友，从同学那里知道了《小鼠波波》《卡由》等更多动画片，世界就扩大了。关于语言的学习，可能是某种外语，也可能是普通话，对于多方言地区的孩子，学习其他同学的方言的难度并不亚于学习一门真正的外语。在集体生活中认识自己和他人，在游戏中与同学交往互动，学习越来越复杂的知识，思考越来越开放的问题，大家一起合作完成某个小小的项目。

可以说，幼儿园的孩子就具备了提升全球胜任力的基础。对我们每一个人，世界是一个放大的校园，不同背景和观点的人生活其中，有时竞争，有时合作，而我们要做的，就是用同理心共情那些和同学的背景差异更大一些的人。一个孩子从幼儿园开始的独立学习能力和不断增长的本领，足以支持他继续主动认识与探索世界，为满足好奇心而学习；识别与欣赏不同观点，做"和而不同"的君子；与不同文化背景者交流思想，丰富自己的认知；最后，在能力可及的时候，为集体福祉和可持续发展采取负责任的行动。

从同理心的视角来认识全球胜任力，会发现全球胜任力基于孩子的生活经验，顺应好奇与探究的天性，意义深远但并不高深，每一个家长和老师都可以帮助孩子提升全球胜任力。

延伸阅读

自己去上幼儿园

儿子适应幼儿园的生活之后,每天都盼望着去幼儿园。他很喜欢上学的感觉,每次从幼儿园回来都会迫不及待地向我们展示他那天学到了什么,比如画了什么画,写了什么字,唱了什么歌;告诉我们幼儿园里发生了什么事,比如哪个同学哭了,哪个同学被老师表扬了……似乎幼儿园是个精彩的世界,他很乐在其中。

有一天早晨,儿子对我们说:"我今天自己去幼儿园,不要爸爸妈妈送!"我和爸爸你看着我,我看着你,半天不知如何回答。"那好吧,今天你就自己去幼儿园,爸爸妈妈不送你。"还是我胆子大一点,首先答应了儿子的请求。

爸爸不知道我葫芦里卖的什么药,表现出一脸的担心。只见儿子背起他的小书包,得意扬扬地走出了家门。

我赶紧招呼爸爸悄悄跟上。

从我家到幼儿园，地形比较复杂，首先得走过一片树林，然后下很多台阶，最后还要过一条马路。我和爸爸始终和儿子保持一定距离，我们可以看见他，他却不知道我们跟在后面。让我们惊讶的是，儿子不但没有走错路，而且还一路哼着小曲，完全没有不确定或者害怕的感觉。看到他安全地进了幼儿园，我们终于松了一口气。

从那以后，只要儿子提出自己去幼儿园，我们照样会答应，同时照样会在他后面悄悄地跟着。

虽然儿子的"独立"一点也没有减少我们的工作量，相反还增加了许多麻烦——我们会提心吊胆，并且要随时准备阻止意外发生——但我们很乐意配合他的行动。悄悄地跟在他后面也很有意思，我们可以拉开一点距离，观察到一些以前不知道的东西。我们可以看到遇到不认识的人他会如何反应，马路上过来车他会怎样躲避，他一个人走路需要多长时间，他会不会被路上发生的事情吸引而忘了去幼儿园……嘿嘿，儿子的表现让我们很放心，儿子稚嫩而坚定的步伐、弱小却可爱的身影让我们心中充满了骄傲和自豪！我不仅佩服儿子的胆量，同时还佩服他的能力。每次看到他准时而安全地到达，那种既高兴又得意的感觉真的是美妙极了。

到后来，我们有事不能送他去幼儿园的时候，就让他自己去。我们不仅很放心，而且相信他能处理任何突发情况。他的这种能力在同龄孩子中应该是很少见的，但他真的做到了。

儿子要自己上幼儿园的事应该具有一定的普遍性，相信很多孩子都有过类似的想法，因为随着年龄的增长，孩子一定会有想独立证明自己的时候。可惜的是，有些家长，尤其是独生子女时代的家长，无论孩子多大，都不愿意放手，让孩子饭来张口衣来伸手不说，还生怕孩子吃一点苦受一点累。不一定是不相信孩子，而是只考虑到付出自己的爱，从而忽略了孩子真正的需求。其实，孩子的成长之路不仅需要关心和照顾，同时也需要信任和鼓励。如果我们在儿子提出自己上幼儿园的时候坚决不同意，他今后还会提出来自己独当一面吗？还会尝试冒各种险吗？如果当时我们扼杀了他的想法，让他顺从了我们的"好意",他今后会有自己的思想吗?会主动寻找机会锻炼自己吗?我们尊重了孩子的意愿,给了他机会,我觉得我们爱得明智;我们暗中保护,为儿子的安全把关,为他的成功高兴,我觉得我们爱得深沉!儿子在三岁的时候就有了自己上幼儿园的经历,他不仅培养了自信,还体验到了成功的感觉!如今,每当儿子向我们报告他所取得的成绩时,我脑海里总是会浮现他三岁自己去上幼儿园的情景,一个小小的、自信自强而且自立的孩子在路上一步一步走向幼儿园……

(摘自《幸福就是一起成长》,作者陈采霞,北京大学出版社,2018年出版)

第4节
全球胜任力：连接家与世界的梦想

我们生活在一个互相联通的世界。一个现代人的发展，要从家庭走向学校，从学校走向更广阔的世界。我们在认识世界之前，先认识自己，从认识镜子里的自己、家人眼中的自己开始，然后走出家庭，认识自己居住的社区、城市、民族与国家，再去认识广阔天地和不同文化背景的人，在互相尊重的基础上沟通、合作，达成共识，并为之采取行动。全球胜任力是连接家与世界的梦想。全球胜任力的定义以及全球胜任力教育的多样性，也正是对这一点的呼应。

在对全球胜任力的理论、模式、框架等进行文献研究的基础上，结合教育教学实践，组织国内外专家反复研讨后，2019年，我们提出了"新航道全球胜任力模型"。运用这个模型进行教学，既学习和借鉴世界先进经验，也强调我们作为中国人的民族文化认同感。

全球胜任力：与世界连接的能力
Global Competence: the Ability to Get Connected with the World

全球视野 Global Perspective

| 人文科技素养 STREAM | 批判性思维 Critical Thinking | 沟通 Communication | 合作 Collaboration | 创造与创新 Creativity and Innovation | 外语能力 Foreign Language Skills |

中国根基 Chinese Culture

新航道全球胜任力模型
New Channel Global Competence Model

图3 新航道全球胜任力模型

整个模型是一座全球胜任力大厦，以中国根基为基石，顶层是全球视野，包括六大支柱：作为硬能力的人文科技素养与外语能力，以及作为软实力的国际人才核心素养——批判性思维（Critical Thinking）、沟通（Communication）、合作（Collaboration）、创造与创新（Creativity and Innovation），简称4C。

- **全球视野与中国根基**

全球视野强调我们要从不同层面了解世界，识别和明确个人在全球社会中的权利与义务，发现并积极应对全球问题，为集体福祉和可持续发展采取行动。

全球视野是人们如何看待自己与世界的关系，以及如何感知自己作为世界公民的责任感的一种世界观。一个人具有全球视野，会关心世界其他地区的人们，还会自然生出一种帮助他们改善生活的责任感，全然不顾彼此间的距离和文化差异。

值得强调的是，全球胜任力离不开脚下的土壤与大地。《礼记》有云："大道之行也，天下为公，选贤与能，讲信修睦。"全球胜任力不是数典忘祖，而是秉持自己的尊严与风骨，扎根于中国文化生发出的顶天立地的力量。这种力量将构建属于未来的大格局观，帮助孩子关注天下大事，以山海般的胸襟和抱负，为人类命运共同体做出贡献。

这些年来，我见证了无数孩子通过学习英语走出国门看世界。出国后，他们总是习惯去听别人的故事，感受别国的文化，却难以用英语向外国朋友介绍中国。与此同时，由于信息的不对称，很多外国朋友对中国的印象还停留在那个古老、刻板、落后的中国。今天的中国正越来越接近世界舞台中央，世界需要了解中国，中国需要世界理解。当越来越多的青少年通过留学、研学走向世界时，他们首先需要认识作为中国人的自己。

因此，在我们的全球胜任力模型中，特别突出了以中国根基为基石，顶层是全球视野。只有当我们主动地向世界敞开心扉，大胆地向世界展示中国时，其他国家的人们才会认识到我们和他们的共通点，当共通点超过了彼此之间的不同时，人与人之间、国与国之间才能真正地消除隔阂、猜忌、怀疑，在文化的融合碰撞中增进尊重和理解。

全球视野告诉我们要去往哪里，中国根基则提醒我们从哪里来。作为中国青少年，熟知并热爱中国文化，夯实中国根基，具有作为中华民族一员的民族文化认同感，与培养全球视野同样重要。

· **人文科技素养（STREAM）**

如果说全球化是当下的时代特征，那么人工智能则是开启未来的钥匙——这个起源于计算机科学的分支，正加速改变我们的生活。

人工智能研究的一个主要目标，是使机器能够胜任那些通常需要人类智能才能完成的工作，这就意味着，它会"威胁"到人类的工作。影响有多大？根据公开报道，在未来的10~20年，随着深度学习快速发展，人工智能会在各个领域大面积使用，许多重复性劳作、"可编码的"脑力和体力劳动，交给人工智能去做的可能性很大。将来孩子的竞争对手，可能不是同年级前10名，不是隔壁学校的优等生，不是职场上的甲乙丙丁，而是一个个具有智能的机器人。

所以，今天的教育，我们要思考一个问题：拥有哪些能力不会被人工智能所取代？模型中位于左侧的支柱——人文科技素养，正是人工智能时代的硬能力。人文科技素养可以用三个单词来概括。

第一个单词是STEM：S——science（科学）、T——

technology（技术）、E——engineering（工程）、M——mathematics（数学）4个单词的首字母，组合起来就是科学素养。强大的人工智能是人类科技发展的结果，未来我们要让生活更美好，需要不断发展科学素养。

第二个单词是STEAM，多了一个字母A，这是艺术（Art），意味着要增加艺术方面的人文素养，包括音乐、书法、绘画、舞蹈……艺术是美，艺术展现着人类的情感，让我们有别于人工智能，并将天涯海角的人连接起来，"海内存知己，天涯若比邻"。

第三个单词是STREAM，在STEAM中间加了一个"R"。R代表阅读和写作（Reading and Writing）。为什么要强调阅读和写作？现在大家都习惯于碎片化阅读，阅读与写作能力呈现全球化下降的局面，甚至已经影响到我们日常的交流与沟通。以阅读和写作能力为基石的人文素养，能让我们表达得更准确，思考得更深入。

人工智能时代，用脑、用力能干的事情会被人工智能取代；用心用情做的事情，人工智能替代不了。简而言之，人文科技素养，是青少年在人工智能时代的硬能力。

- **外语能力**

当代中国青少年必须具备的硬能力，一个是人文科技素养，另一个是外语能力。

PISA2018 的全球胜任力报告显示，语言是打开世界大门的钥匙，会说两门及以上语言的青少年有着更强的观点采纳能力，更愿意学习其他文化，更尊重来自其他文化背景的人，对移民的态度也更积极。并且，根据经合组织发布的文件，2025 年 PISA 将要专门对外语能力进行评估。

全球化时代，必须要学会一门外语。在美国，会两种语言的人被叫作"双语者"，会三种语言的人被叫作"三语者"，只会一种语言的人则被叫作美国人。2017 年，我接待了一位来进行学术交流的韩国学者，这位学者的孩子上小学四年级，他除了学好母语韩语之外，还在学习英语、日语、汉语三门外语。这位学者告诉我，让孩子学习英语是为了与世界同步，学日语是为了学习日本发达的科技技术，学汉语是因为"现在中国在迅速地崛起，中国变得越来越强大，不学中文不行啊"。

10 年前我会把外语能力归于软实力。20 世纪 80 年代，英语顶呱呱的人被视为"精英中的精英"，极有可能从千万人中脱颖而出，成为时代的弄潮儿、引领者。但对于身处全球化 3.0 时代的孩子来说，外语能力就不再是奢侈品，而是必需品了。对现在的中国青少年来说，学英语不再仅仅为了考试，而要实实在在地把听、说、读、写都学好，才能更好地连接世界，实现更有效的沟通。

学英语的好方法，其实是用英语学习。我有一次在中国人民大学办讲座时，带了一本西南联大的英文课本，并请一位学生上台为大家大概描述这本书的内容。他看了课本后，被丰富有趣的内容深深吸引住了，讲得也很好，引起大家更多讨论。这本书不光在讲怎么学英语，而是包含了人文、历史、哲学等内容，以及许多开放式提问。当学生学这样的课本时，会忘记是在学一门语言，而是在享受性阅读，汲取丰富的知识和思想内容。那些开放性的题目，没有标准答案，是为了训练学习者的批判性思维。

在英语教学中我一直强调"汉语为本，英语为用"的原则。汉语为本，是学好我们的母语；英语为用，就是让我们的青少年与国际接轨，与世界对话。

我对双语教育的思考，是因为受到了新加坡前总理李光耀先生的启发。在他的回忆录中，他讲述了自己学习多种语言的故事。他从小学习英语，英语一直是他最为常用、最为熟练的语言。同时他也接触马来语和爪哇语，青年时期学习过拉丁文和日语，40岁前后为了竞选学习福建话和客家话，而华语（汉语普通话）是他成年后寻找机会主动学习、坚持练习、流利使用的语言。

李光耀先生认为，多掌握一种语言就多了一扇人生的窗子。除了交流的价值，他还深入分析过语言与文化的关系："语言不只是沟通的工具，还提供了一整套的文化参照系统。因此，我（学习华语）不只是沉浸在一个语言的环境，也是沉浸在一个文化的氛围中。那些典故、历史和文学触动了我的心灵，让我了解中国人如何思考和看待自己。"对语言学习和应用的经历，促使他在新加坡推行双语教育政策，兼顾工具语言与文化语言，带领新加坡走向发达与繁荣。

今天的中国青少年要想提升全球胜任力，与不同文化背景的人进行开放、得体、有效的互动，一方面应该具备超凡的外语能力，能直接阅读外文资料，善于通过第一手的外语资讯来分析处理地方、全球、跨文化的问题；另一方面，必须要学好我们的母语——汉语，懂得自己的文化与历史。

• 国际人才核心素养 4C

国际人才核心素养 4C 是 4 个以字母 C 开头的英文单词。

第一个 C 是 Communication，即沟通。在美国，所有的大学新生无一例外必须学"大学语文"这门课（有时也叫作"大学写作"、"公众演讲"或者"修辞学"）。美国大学要求新生每周阅读经典书籍，写读书报告，期末要当着全体老师和同学的面发表一场演讲，考查学生的演讲内容是否具有思想内涵，能否引起听众的思考、分析、质疑甚至探索的欲望，演讲的谋篇布局、遣词造句、体态语言是否引人入胜，语音语调是否抑扬顿挫……所有这些训练，都是为了培养学生在沟通表达方面的素养与能力。

沟通能力不止于说话、写文章，在什么时候、什么地方、与什么社会身份的人，就什么话题、用什么语言进行有效、得体的沟通，都属于沟通能力的范畴。

第二个 C 是 Collaboration，即合作，这是现在很多年轻人尤其是独生子女的短板。我们无时无刻不生活于人群之中，走出家门、校门就有可能与世界各地的人打交道。不论对方是何种文化背景，有哪些风俗习惯，都应和衷共济、求同存异、通力协作。

第三个 C 是 Critical Thinking，即批判性思维，关键词是质疑与求证。批判性思维要求不能人云亦云，随波逐流，对于任何观点包括权威的主张，都要保持自己独立的见解，能够透过现象看本质。

从学生时代开始，我就有个习惯，即使是不太喜欢的课程或报告，只要到了现场就认真听、做笔记，分析哪些地方讲得不好，琢磨怎样讲才有意义，慢慢培养自己的批判性思维。

第四个 C 是 Creativity and Innovation，即创造与创新。创新是社会发展的引擎，潮头浪尖的弄潮儿和各行各业的领先者，其肌体内一定深植着创新的基因。《周易》有云："易之为书也不可远，为道也屡迁，变动不居，周流六虚，上下无常，刚柔相易，不可为典要，唯变所适。"身处变动不居的时代，唯一不变的是变化，只有不断创新，才能永葆活力。

第5节
具有全球胜任力的青少年是什么样子

全球胜任力是21世纪人才核心素养的重要指标,是参与全球竞争与合作的素养。在经合组织与哈佛大学零点项目共同发布的《PISA全球胜任力框架》中,全球胜任力被定义为:(1)分析具有当地、全球和跨文化议题的能力;(2)理解和欣赏他人视角和世界观的能力;(3)与不同文化背景的人进行开放、得体和有效互动的能力;(4)为集体福祉和可持续发展采取行动的能力。根据这一定义,PISA2018将全球胜任力划分为4个彼此衔接、相互关联的维度。

表1　PISA2018全球胜任力测评维度及其含义

维度一：分析具有当地、全球和跨文化重要意义的议题	1. 在对全球议题形成个人观点时，能够把世界认知与逻辑推理有效结合，并利用较高级别的思维技能，比如选择和权衡适当证据，对全球动态做出推论 2. 能够结合学科知识和思维模式，就当地、全球或跨文化议题提出问题，分析数据和论点，解释现象，形成立场 3. 能够获取、分析媒体信息并对其进行批判性评价，以及创建新媒体内容
维度二：理解和欣赏他人的视角和世界观	1. 愿意并能够从多重视角考虑全球问题和他人的观点及行为 2. 能够认识到，自己的观点和行为受多重影响，自己并未一直完全意识到这些影响，而且他人与自己的世界观可能迥然不同 3. 能够解释和重视使双方跨越分歧、创建共同点的互通之处，保持自己的文化认同，同时意识到周围人的文化观念和价值观的不同
维度三：进行开放、得体、有效的跨文化互动	1. 与不同文化背景者互动时，能够了解文化规范、互动方式和跨文化背景的正式程度，灵活调整自己的行为和沟通方式 2. 愿意了解他人，努力包容边缘群体 3. 能够跨越分歧，以开放、得体、有效的方式与他人互动
维度四：为集体福祉和可持续发展采取行动	1. 成为社会中积极、负责任的成员，能够为回应当地、全球或跨文化特定议题或形势做好准备 2. 能够创造机会，采取理性、反思性行动，让他人听到自己的声音 3. 愿意并积极参与改善自己社区的生活条件，建设一个更为公正、和平、包容和环境可持续的世界

从这些维度可以看出，具有全球胜任力的青少年，会主动认识与探索世界，识别与欣赏不同观点，与不同文化背景者交流思想，为集体福祉和可持续发展采取负责任的行动。

• **认识与探索世界**

具有全球胜任力的孩子将地球视作一个系统，他们不但了解地球的自然景观和生态系统、人口分布，同时熟悉文化历史和经济因素，并尝试去掌握影响当今世界的关键因素和趋势。为了更好地实现这种认识和探索，需要通过学科和跨学科学习。学科学习要求青少年深入到每一门学科的知识和思维方式，跨学科学习则强调科学与世界的整体原则。整个人类社会就是在构造和不断修正这些知识和思维方式，才能不断加深对世界的认识、理解，进而加以解释、解决问题和发明创造。因此，学习不仅是要知道基本概念，还要了解这些概念是如何通过专业方法创造出来的，以及如何应用它们。

具有全球胜任力的青少年会提出并探索具有全球意义的问题，通过仔细考察，赋予这些问题以研究意义。具有全球胜任力的青少年，他们不只是寻求标准答案，而是主动探索并权衡有价值的结果。

示例：如何认识索马里的贫穷问题

小学四年级的一节写作课上，老师要求大家写一篇文章，讨论索马里的贫穷问题。强强和老师、同学一起上网搜索了很多关于索马里地域、气候的信息，他分析后认为，贫穷的主要原因在于当地降水少，常年干旱，农作物无法种植，所以人们都没有饭吃。老师认为他说得有道理，继续引导他思考："是否还要考虑战争的因素？"强强不理解，认为战争跟粮食短缺没关系。老师知道，对于这个年纪的孩子来说，战争话题比较陌生，而且一想到战争不免心里难受，所以难以深入，于是又带着他和全班同学一起，查找资料，了解索马里的政治问题。经过一段时间的学习和讨论，强强对索马里贫穷的原因有了更多理解，包括战争，解决方案也增加了新的对策。经过这次研究性写作，强强多了一个看问题的视角，不但可以用来分析索马里的贫困问题,也可以用来分析更多问题,更好地理解世界的运转情况。

- **识别与欣赏不同观点**

在获得和提升全球胜任力的过程中,个体很重要的一步是认识到自己观点的独特性,认识到别人可能会不赞成自己的观点。相应地,也会意识到别人的观点可能与自己不同。最重要的是,将自己的视角与他人的进行对比,并在有需要时将这些不同的视角整合成一个新的综合视角,以有助于解决复杂的全球性问题。

示例:不同宗教信仰的人如何沟通

小明家里来了一位英国学生,名叫布兰登。吃晚饭时,布兰登希望小明家里所有人,包括小明的爸爸、妈妈、奶奶,一起向上帝祷告。大家很不理解,还有些生气。小明向家人解释,布兰登家里信奉基督教,在吃饭前要祷告，感谢上帝赐予他们食物，要珍惜粮食，这是布兰登的家庭传统。在小明解释后，家里气氛缓和了许多。小明转头跟布兰登说，不是所有家庭都有宗教信仰，我们家里就不信仰基督教，因此不会饭前祷告。但在中国文化中，我们也珍惜粮食，从古诗"谁知盘中餐，粒粒皆辛苦"到现在的"光盘行动"，都是珍惜粮食的体现。布兰登理解了小明家人的想法，对中国文化也增加了一些了解和认同，大家在愉快的气氛中吃完了这顿饭，还聊了很多中英文化传统上的事情，收获颇多。

· **与不同文化背景者交流思想**

如何跟有着不同文化背景、生存环境、宗教信仰、思维方式和家庭条件的合作伙伴一起工作，达成共同的目标？这就需要交流思想。为了实现交流，精通至少一门外语是非常必要的，能够熟练使用各种传播媒介和新技术，也是21世纪思想交流中的重要技能之一。

示例：用英语讲中国故事

文文同学参加了2020年的"用英语讲中国故事"活动。为比赛做准备的过程中，她从网上收集了很多关于中国文化的故事材料，发现关于中国文化的中文介绍很多，但英文介绍却很少。于是，她开始分析产生这一现象的原因。拿古诗来说，由于它本身蕴含了历史背景，加上中英语言表达习惯上的不同，要把短小精干的诗句用同样简单的英语表达出来，同时又不失韵味，绝非易事。于是，她又去了解外国的诗歌，发现也存在同样的问题。意识到不同文化之间存在语言表达上的差异，也暗含不同价值观的传达，她更感受到用英语讲中国故事的重大意义，并积极应对这一挑战，最后以西湖为题，在老师的指导下完成了英文稿子的写作，呈现了一次精彩的演讲。

- **为集体福祉和可持续发展采取行动**

具有全球胜任力的青少年不仅会通过收集资料和积累知识来认识世界，还会付诸行动，促进改变。他们的行动可能包括：面对不同情况、事件和问题，为个人或团队发现和创造机会，从而改善现状；借鉴历史经验、参考不同观点，制订行动计划；付诸实践之后，进行反思和改进。

<u>示例：从"捡垃圾"到将数据分析应用到环保事业</u>

女孩琪琪从小热衷公益与环保事务，见到路边散落的垃圾都要捡起来，放到垃圾桶里。中学时，她参加了环保社团，为学校建立了3个废旧电池回收处，还跟同学一起做了大量垃圾分类的知识宣传。高中毕业时，她报考了全美排名前十的杜克大学数据分析专业，并被录取。她说："信息爆炸的时代，人们的一言一行都会产生数据，这就给大数据应用到环保提供了可能。"她希望运用学到的知识，改善中国乃至世界的环保现状，大到利用数

据进行污染溯源、风险评估，小到一次性餐盒的使用、环保出行等方方面面。

全球胜任力的提升是一个持续的、终身学习的过程。从这些善于思考和行动的青少年身上，我们可以看到全球胜任力从知识到技能、从态度到价值观的每一个维度在萌芽、生长，帮助他们更积极地参与全球化和跨文化生活。改变，在他们和他们周围的人身上发生，从内心到行动。

2

怎么做

APPB 学习法引领的教学变革

根据青少年教育的黄金圈法则，面向未来，青少年的使命是成为具有全球胜任力的中国青少年。怎么做呢？基于活动、项目、问题的 APPB 学习法，是最契合的学习方法。

APPB 学习法为孩子提供做中学的机会，让他们不局限于被动地接受知识，而是积极地收集信息、主动观察、提出问题、寻找新的想法或方案，以解决真实问题。APPB 学习法以学习者为中心，教师或者家长是学习的促进者，所以我们将其命名为学习法，而非教学法。

这一方法的哲学源自美国教育家杜威。杜威提倡做中学，认为"一切真正的教育从经验中产生"，由此得出"三中心论"：

- 以儿童为中心
- 以儿童经验为中心
- 以活动为中心

杜威的教育哲学和实践，与儿童认知发展理论及其他一些社会科学理论一起发展成建构主义，引领了最近一百年的教育变革。当代建构主义学习论认为，知识不是通过教师传授得到，而是学习者在一定情境即社会文化背景下，借助他人的帮助，利用必要的学习资料，通过意义建构的方式而获得。意义建构的方式，就是基于活动、项目和问题的 APPB 学习法。

本章遵循黄金圈法则，从问题，即"为什么"开始，分别对活动、项目式学习进行释义，分析它们之间的关系，以及如何评估学习结果。在本章第 5 节，介绍哈佛大学零点项目的一套实用工具——可视化思维路径，有助于将学习者的思维过程变得具体、形象、可见，从而促进思考。

由于 APPB 学习法主要是由老师引导，在学校环境中应用，因此本章主要讲教师如何担任促进者。但是，父母是孩子的第一任全球胜任力导师，对孩子的终身学习与发展有重大影响，所以在本章第 6 节，将专题探讨家庭环境中，家长如何为孩子发展全球胜任力搭建脚手架。

第1节
问题引领的活动、项目式学习

孩子天生具有探索能力。当一个孩子思考或者开口问出"为什么"的时候,探究式学习就开始了。

"那是什么?"

"那是一架飞机。"

"为什么飞机有翅膀?"

作为老师和家长,面对孩子的提问,我们可以直接给孩子解释飞机的设计原理,但更好的办法是先鼓励他自己去探索,可以从观察飞鸟的特点开始,也可以折个纸飞机,看看有翅膀和没翅膀到底有什么区别，或者不同形状的翅膀会不会影响飞行的远近等等。

每一次探索都从"为什么"开始，所以，我们说问题引领探究性学习。

应用APPB学习法培养全球胜任力，是一种问题引领的探究性学习。活动、项目、问题这三个要素并不是平行的关系，而是问题引领活动和项目，活动和项目促进开放的思考，再提出更有深度的问题。问题就是"为什么"，它驱动青少年在具体的活动中学习知识、提升技能，然后将知识和技能应用于真实的项目，在做项目的过程中，进一步探究生活，增长经验。有了一定知识、技能和生活经验的积累，学习者能提出更有意义的问题，围绕这个问题，思考解决方案，并为之采取行动。

任何一个活动与项目开始前，作为促进者的老师或者家长，要先跟孩子一起，确认一个符合他们认知水平和知识经验的问题，这个问题也是将要解决的问题，这是"为什么"。然后，在老师和家长的指导与支持下，通过一系列活动和项目，学习者与团队成员一起寻找解决方案，这是"怎么做"

和"做什么"。最后，学习者回到开始提出的问题，将自己的解决方案付诸实践，进行检验论证。在整个过程中，学习者不断学习新知，运用学到的知识与技能参与活动和项目，尝试提出并解决问题。这些问题、活动和项目彼此相关，在知识的难度和经验的深度上层层递进，构成一个呈螺旋形上升的循环，推动学习不断深入。

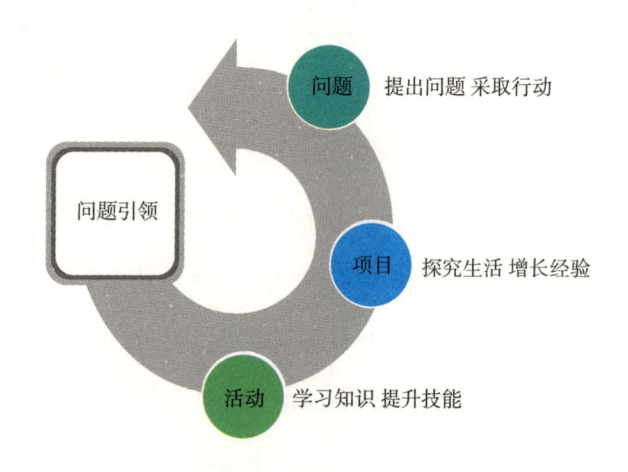

图4 APPB学习法中问题、活动和项目的关系

APPB学习法应用于全球胜任力教育，可以理解为：围绕提升全球胜任力这一目标，开展各种各样的活动和项目，学习关于世界和其他文化的知识，提升理解世界和采取行动

的技能。通过活动和项目，学习者逐步具备分析具有当地、全球和跨文化重要意义的议题和形势的能力，能够理解并欣赏不同视角和世界观，能够与不同国家、民族、宗教、社会、文化、性别的人建立有效互动；能够提出有助于全球可持续发展和集体福祉的问题，并为之采取建设性行动。

APPB学习法，是问题驱动的学习，从"为什么"开始，通过活动、项目来解决真实问题，强调学习者中心、真实经验、合作学习。一方面，使用"问题"可以很好地检测学习者对概念或内容的理解程度，尤其是跨学科知识。另一方面，这个"问题"是基于情境的，跟学习者的真实世界相互关联，更容易调动兴趣和经验。运用APPB学习法，教师或家长通过建立有利于探究、创造和深度学习的环境，来引导和促进学生进行个性化学习。

在学校环境中，基于问题的学习是指在教师的协助和支持下，青少年有意识地关注当地、全球及跨文化议题，提出问题，运用已有知识与技能，设计解决方案，并采取行动。它的核心是用问题来驱动学习过程。问题可大可小，但一定是青少年学习者经过对生活的观察和思考提出的，而不是假设性的问题。小的问题，比如如何减少家里的食物浪费，是一个在较小的范围里的问题，具有一定的知识和技能，加上调查研究和实践，就可以提出初步解决方案；大的问题，比如如何解决全球的粮食短缺问题，则需要以小组为单位，开展较为长期的项目式学习，最终尝试提出具有可行性的解决方案。

在整个过程中，教师主要起协助支持的作用，发展学生的学科知识和探究问题的内在兴趣，促进团队合作。学生自己确定学习需求、制订课程计划、参与团队合作，最后对自己的学习进行评价，并参与团队其他成员的互评。

在小组合作里，什么样的问题才符合基于问题的学习呢？首先，它是真实的，来自学习者的生活经验。其次，它是开放式的，围绕这个开放式的问题，每个人从不同视角提出多样化的解决方案。最后，每个团队成员都对这个问题抱有兴趣，能在其中发挥作用。所以在团队工作开始前，每个人应该提出自己关注的问题，然后通过小组讨论，选择或者协商出一个团队的问题。

总的来说，在APPB学习法中，青少年需要应用活动中学到的知识与技能，以及项目中积累的经验，结合自己对世界的关注，解决现实生活中的开放式问题。这些开放式问题要求学习者在确定解决方案之前先考虑多种方案。同时，解决问题的过程又需要以小组为单位开展活动和项目，从而帮助他们自己学习和应用一系列重要的概念、知识，提升技能，还得到了很多机会去发展灵活性和创造力。

在解决这些专家也会遇到的问题时，青少年学习者不但增长了解决问题的经验，还会发现这些问题与专业、职业存在关联，可能会被激励去思考和解决更多问题，也可能进而思考自己的职业发展和人生规划。

第2节
活动的魔力——给孩子说话的机会

活动是我们熟悉的概念，孩子在活动中学习，已经是许多教育者和家长的共识。在 APPB 学习法中，活动有什么特定的含义呢？

区别于传统活动由大人主导的特征，基于活动的学习强调给孩子说话的机会，包括思考的时间、表达的自由和被倾听的尊重。

在学校环境中，基于活动的学习是指在教师的讲授和指导下，学生通过丰富而有组织的活动，学习单个学科与跨学科知识、技能，提升外语能力与人文科技素养。在这个过程中，学生不是知识的被动接受者，而是积极参与到学习过程当中，基于已有经验，通过与人合作，构建自己的知识体系，提升技能。老师不仅要透过活动去讲授知识，更重要的是进行师生间、学生间的对话，将"老师说、孩子听"变成"老师说，孩子也说，彼此都要倾听"的状态。老师要发挥促进者的作用，帮助学习者建立自信心，传授给他们合适的知识和技能，支持他们寻找更多资源，在必要时参与讨论，拓展他们对问题的理解。老师要想办法调动孩子的积极性，让他们多思考、动手、互动及表达，真正掌握知识，提升技能。

基于活动的学习目标是"帮助学生学习"而不是"教学"，教师作为促进者要争取做到：

- 开展学生参与度高的活动；
- 推动建立尊重、倾听的班级规则和文化；
- 鼓励学生运用已经学到的知识、技能和个人经验；
- 支持对学生个人而言重要且有意义的目标；

- 允许学生有一定程度的发言权和选择权；
- 鼓励批判性思维、创造性解决方案、合作和各种形式的沟通；
- 推动学生围绕开始提出的问题，进行持续思考。

具有上述特征的活动，无论规模大小或者形式如何，都是好的活动。

孩子在不同年龄段的认知特点和知识能力水平存在差异，教师因此需要组织不同的活动。根据活动的规模、时长，我们将课堂上的活动分为迷你活动、小活动和大活动。

以幼儿英语学习的课堂为例，如果老师希望学生练习刚刚学到的关于颜色的单词，可以采用"我问你答"这样的形式，比如询问："What colour do you see?"（你看到了什么颜色？）学生以颜色单词作答。接下来，学生也可以选择一个物体，问另一个学生："What colour is it?"（这是什么颜色？）这就是一项迷你活动。由于幼儿的注意力集中时间短、学习的知识较为简单，因此迷你活动是幼儿教学中的常规活动，一节课中可以多次开展。

如果一项活动需要学生有一定知识和经验储备，还要动手操作、展开讨论、分析阅读和写作等，就是一项小活动。我们以少儿英语课为例，如果一节课的主要知识是学习各种服装的表达，那么就可以开展一个以"认识自己的衣服"为主题的活动。同学们分成小组，说说自己有哪些衣服，介绍它们的材质、颜色、来源，最喜欢的衣服是哪一件以及原因，小组成员还可以互相评论，或者摸一摸彼此的衣服，感受不同材料的感觉，然后将这些讨论写下来，就是一篇说明文章。小活动是少儿阶段日常教学的常规活动，一节课组织1~3个为宜。

大活动是相对小活动而言。比如一个学期组织一次的演出，就是一个大活动。有计划的老师，可以有意识地让日常学习中的小活动发展成大活动，比如由"认识自己的衣服"这个课堂活动，就可以发展成学期末的"时装展"。时装展需要更多知识，策划主题，练习肢体语言，加上充分的团队合作，反复排练，最后在一个特定的日子演出一场或者几场。通常，大活动在一个学期中可以开展1~3个。

——延伸 阅读——

珍妮·麦格拉思的故事

　　加拿大麦科文大学儿童及青年护理系主任珍妮·麦格拉思教授一直专注于基于活动的学习的研究与实践。在一篇文章中,她详细讲述了自己学习经历中关于活动的故事。

＊＊＊＊＊

　　从幼时骑小三轮车,到六岁那年加入童军,成长路上,我体会到活动带来的乐趣。在童军的营地里,我和伙伴们一起去露营、远足、旅行和参与社区服务,体验自然,并在活动中学习新技能、锻炼领导力,理解多样性和友善的重要性。到了高中,老师会布置具有创造性的任务,也鼓励我参加课外活动。作为学生会成员,我在高中的最后一年组织了一次省级学生领导会议。这些活动提升了我的信心和自尊心。

然而，上大学以后，我第一次体会到了学习的艰辛，主要是因为大学的教学形式相对传统，比如课堂规模大、评估很枯燥等。我不知道这些和自己的生活到底有什么关系，因此很难对学习感到兴奋。另一个重要因素是，我和教授、同学之间几乎没有互动的机会，我不熟悉导师，他也不怎么认识我。我觉得自己做的事情没有意义，微不足道。

当我攻读儿童与青年研究专业的第二个学位时，转折出现了。我有机会参与很多活动和项目，这些活动和项目激发了我的兴趣，让我找到了自己的价值，学习开始变得轻松。比如，在一堂课上，我被要求找到一种创造性的方式给孩子讲故事，而不是照着书念。我决定和孩子一起把所有角色画下来，做成木偶演故事。这些活动充满了创造力，不仅帮助我与其他人建立联系，还使学习体验变得真实。

毕业后，我回到纽芬兰，在一家为儿童、青年和家庭提供多元项目的机构里任职。在这里，我真正发现了与儿童、青年和家庭一起开展活动的好处。大家利用有趣的小组活动来交流观点，成员间保持互动。比如大家一起玩桌游、做手工、唱歌等。利用社区资源，大家还会参加一些大型活动，如滑雪旅行、沿海远足、攀岩、露营、划皮艇等。青少年会通过参观博物馆、戏剧表演和服务项目来更多地参与社区活动，这促使他们很快地吸收经验，获得成长。

（编译自：Linking Pedagogical Practices of Activity-based Teaching

作者 Jenny Rebecca McGrath

The International Journal of Interdisciplinary Social Sciences,

Volume 6, Issue 3, 2011）

第3节
项目式学习——对真实问题的探究

项目式学习是一种动态学习模式，学习者通过运用学到的知识和技能，以小组为单位，尝试解决一个大家共同认可的真实问题。一个完整的项目，一般包括提出问题、制订计划与提出方案、汇报结果、评价与考核4个环节。

提出问题是第一个环节，需要注意3件事：（1）提出问题的主体是学习者，而非家长或教师；（2）问题应该是真实的，基于生活经验的，而非虚构的；（3）在一个小组里，每一位参与者都有提问题的机会，然后通过组内讨论，确定一个小组共同的问题。

确定问题后，第二个环节是制订计划、提出方案。这个环节通常包括三个步骤：（1）头脑风暴，探讨各种可能性；（2）寻找信息与支持，比如查阅图书或者网络上的信息；（3）初步确定方案，在可能的情况下，要尽可能采取行动，验证解决方案，如果受条件所限，也可以采用模拟执行的方式。

第三个环节是汇报结果。仍然是以小组为单位，采用成果展示、口头说明等方式进行。汇报可以辅以相应的说明，比如演示文稿展示，做成海报张贴在墙上，以及展示收集的相关实物等。

第四个环节是评价与考核，包括过程性评价和结果性评价两部分。过程性评价是为了及时发现学生在知识技能学习中存在的问题。比如，在课堂上老师可以以提问的方式看学生掌握了哪些知识，以此评估哪些内容需要重点讲解。结果性评价是为了了解学习后的效果，检验学生是否达到了预期中的目标要求，比如课堂小测、期末考试。项目式学习是对传统讲授式学习的转变和补充，必然带来评价方式的改变。在实际教学中，一般采用过程性评价与结果性评价相结合的方式。由于我们始终强调沟通与合作,项目本身也是以小组为单位开展的,所以从主体来看,评价还应该包括自评、互评和专家评价三部分。

表2 一个完整的项目包括四个环节

提出问题	• 提出问题的主体是学习者,而非家长或教师 • 问题应该是真实的,基于生活经验的,而非虚构的 • 在一个小组里,每一位参与者都有提问题的机会,然后通过组内讨论,确定一个小组共同的问题
制订计划 提出方案	• 头脑风暴,探讨各种可能性 • 寻找信息与支持,比如查阅图书或者网络上的信息 • 初步确定方案,在可能的情况下,要尽可能采取行动,验证解决方案,如果受条件所限,也可以采用模拟执行的方式
汇报结果	• 以小组为单位,采用成果展示、口头说明等方式进行 • 汇报可以辅以相应的说明,比如演示文稿展示,做成海报张贴在墙上,以及展示收集的相关实物等
评价与考核	• 过程性评价 • 结果性评价 • 自评、互评和专家评价

与传统教学相比,项目式学习能更好地发挥学习者的主动性,在解决现实问题的过程中学习更深刻的知识和技能,解决问题本身也需要更多知识和能力,这就成为持续学习的动力。在这个过程中,沟通能力、团队合作、创造力、动手

能力以及批判性思维都得到发展。除此以外，对项目的选择、计划以及执行既用上了生活经验，又有助于发展解决现实问题的新的经验。

在学校环境中，项目式学习是在一个学习小组中进行，学生们在这个小组中有各自的角色，各自发挥所长，老师的角色是通过支持、建议和指导来帮助学生们更好地学习。在这个过程中，学生负责推动项目的进展，老师负责引导和协助。这大大提高了学生的学习自主性，他们因此有选择怎么做的权利，也对项目成果抱有更多的责任感。

值得注意的是，项目是课程的核心，而非外围。它紧密围绕着课程要学习的核心概念展开，学生通过调查研究去解决一个真实问题，即项目是基于现实世界的问题，而不是为了做项目而做项目。学生可以从项目的主题、任务、角色、产品受众、评判标准等方方面面感受到与真实世界的联结感，而愿意付出更多的努力去学习知识和技能，解决问题。此外，项目的核心活动必须涉及新的知识、技能的转化和构建。如果只是一味地重复旧有知识，那不能称之为基于项目的学习，而仅仅是练习。

前面说过，有计划的老师，可以将小活动发展成大活动，比如将"认识自己的衣服"发展成学期末的"时装展"。再进一步，老师还可以引导学生从活动中发现问题，变成项目。如何做一个服装主题的项目？我们来模拟一下。

第一步，在"认识自己的衣服"这个活动基础上，引导学生思考一个问题：如何选择舒服又漂亮的衣服？每个人都有自己的经验，那么先说说经验。然后，老师给出三个做项目的脚手架问题：（1）衣服用什么材料做的？（2）衣服从哪里来？（3）哪些人生产了我的衣服？

第二步，围绕上述三个问题，每个人找一件自己认为舒服又漂亮的衣服做样本，以小组为单位进行头脑风暴，制订计划，提出解决方案。大问题可以拆解成如下具体的工作。

（1）回想这件衣服是从哪里来的，访问父母当时为什么会购买这件衣服。

（2）观察衣服的标签，了解衣服的材质和生产地。材质导向材料，材料可以分为天然与人造两类，搜索资料，看看哪种材料舒服。将舒服这个标准拓展一下，安全与环保就会进入视野。染色是衣服变得漂亮的重要一步，会涉及哪些化学物品？这些物品对我们人体是安全的还是有害的？

产地直接回答从哪里来的问题，如果拓展调查产地的特点，可能会发现中国是服装大国，但也有一些衣服来自其他国家。

（3）一件衣服的生产涉及哪些人？学生很容易想到服装厂的工人，但一件衣服从原材料到穿在身上，可能还有种植棉花的农民、服装设计师、供应商、经销商的参与，以及将衣服清洗干净折叠起来放到衣柜中的父母。有没有遗漏谁？哪些人的工作是你最感兴趣的？

每一项基本数据，都用表格统计起来，比如衣服的颜色、外观、尺码、材质、产地、品牌；新的发现和疑问，以思维导图的形式放到三大问题的下一个层级，在小组里分析这些数据和发现，回答前面提出的三个问题。

围绕三个基础问题和新发现问题，不同学科的老师引导学生开展专题学习，或者进行跨学科合作，一起尝试解决一个问题。从主题上，可以结合正在学习的任何一个学科内容；查找、阅读资料与写报告，需要语文和英语的基本功；分析问题需要数学的逻辑和计算，还可能涉及历史、地理、美术、科学等学科。所以，做项目特别适合跨学科学习。在这个过程中，学生需要调动生活经验，用上跨学科的知识和方法，进行探究性学习；老师要密切关注学生的进展，根据实际情况给予支持，包括知识与资源提供和学习建议。

最后落实到行动，老师可以鼓励学生将买衣服时需要考虑的事项列成清单，比如买大一码更舒服，穿的时间也更长；购买时查看标签，选择材料和生产工艺更环保的衣服。将这些事项与家人讨论，应用于实践，持续评估解决方案的可行性，在实践中反思改进，不但有助于真正购买到舒服又漂亮的衣服，而且还为减少服装浪费、保护环境做出贡献。

第三步，完成一个阶段的探究性学习后，就到了汇报和展示成果的环节。学生们可以将实物拿到现场，或者做成演示文稿、海报，配合研究报告进行讲解。讲解要结合数据与结论，讲清楚过程，分析前因后果，提出行动建议。汇报和展示环节可以邀请父母或者其他相关人员来旁听，分享者与听众形成互动更有意义。

第四步，评价与考核。完成项目后，学生需要自评和互评学习过程中的表现，比如有没有主动运用学到的知识和技能、搜索信息，在小组中有没有主动合作、及时沟通、互相倾听、彼此尊重，解决方案在实践中验证的效果如何，等等。之后，由教师对项目式学习的整体完成情况进行评价，评价内容不仅包括学生成果展示的分数，也包括学生每个步骤的完成情况和建议，从量化评价与质性评价两方面给予反馈，既体现取得的成绩，也为日后进一步研究打下基础。

通过这样一个项目式学习，学生会收获学科与跨学科的新知识；从核心素养来看，作为硬能力的人文科技素养、外语能力和作为软实力的沟通、合作、批判性思维、创造与创新能力都会得到充分锻炼。再进一步，服装的特色与生产关联民族特色，与中国根基建立联系，服装的品牌与环保，关涉全球视野，全球胜任力的每一个要素都能得到体现。

―――― 延伸 阅读 ――――

美国学校的三个项目式学习案例

项目式学习在美国的学校和家庭中如火如荼地进行，学生在做项目的过程中，接触社会，解决现实问题，提升自己的批判性思考能力、创造力、沟通能力、团队合作能力。

美国东华盛顿大学教授刘京秋博士在"向日葵国际教育沙龙"分享了美国中小学的项目式学习情况，本文根据发言内容整理而成，首次发表于"向日葵国际教育"微信公众号。

* * * * *

我工作的单位是华盛顿州最大的中小学师资培训教育院，我们的任务就是培养中小学教师和校长。在过去的10年里，我带硕士生，也培养他们获取教师证书。我们很重要的一项任务就是督导师范生或参加校长证书项目的学生在学校中的实习,这样就给了我机会,零距离接触美国的中小学。

在这么多年的接触中,我发现在美国中小学课堂上,学生们进行小组合作学习,或跟着老师进行项目式学习是常态。

项目式学习的基本原则是老师启发学生学习,以问题开始,然后让学生进行探索。学生可以上网查资料、采访、做实验研究等。老师在这个过程中,引导学生思考,当然不是说启发后学生就都懂了,还需要在一些小问题上引导学生,让他们不断地深化探索。重要的是在这个过程中老师少讲,让学生多讲他们的收获和思考。

接下来我分享美国学校开展的三个项目式学习,这些案例在我们日常的家庭生活中也可以应用。

项目式学习案例1:让学生做书

一位小学三年级的老师特别爱让学生做书。母亲节的时候,这位老师引导学生做一本书,这个小项目的成果是送给妈妈的礼物。

书的第一页,老师让学生画一张自己和妈妈的肖像。

如果有些学生不会画,老师就给他们拍照来代替。在书接下来的每一页,学生写一个我爱妈妈的某个点。比如,有的孩子写"我爱妈妈给我的家""我爱妈妈给我的零食"。学生的说法各种各样,让我最感动的是一个孩子写道:"I love Mum's love."(我爱妈妈给我的爱。)其实字很简单,但这么小的孩子说的话语很暖人。到了母亲节那天,老师让学生把书装饰一下带回家送给妈妈。这是一个挺小的项目,但却在塑造学生的价值观。

这位老师喜欢让学生做书,比如科学课学习蜜蜂,他就让小孩子每人做一本关于蜜蜂的书,具体实施就是每天完成一页纸的作业量。学生完成的作业最后会贴在教室的墙壁上,大家都可以看到自己的作品。虽然我觉得整个教室被贴得满满的,内容可能会不够集中,但从另一方面来讲,这位老师充分地利用了他的教室资源。

项目式学习案例 2:走进地理课

我曾走访一所小学,三年级学生在学地理的时候,老师会带他们做美国地图。他们会一个州一个州地进行。比如阿拉斯加州，老师会让学生去了解阿拉斯加有哪些动物，然后让学生选择一种动物研究。老师提前对作业做了一些规定——学生完成的项目作业一定要包括四项：我学到了什么、有关这种动物我对哪些事感兴趣、我学到了哪些新的单词、我还想继续探索哪些方面。最后学生提交的项目作业都包括这四个基本方面。当然，如果学生有兴趣多加也是可以的。

在这个过程中，学生主动学习，而不是老师告诉他们一些知识、教他们单词。同时，他们思考自己如何呈现学习到的内容，他们发挥想象力，做出来的作业完全是自己的创作，是独一无二的。

项目式学习案例3：制作人物专辑简报

我走访的学校中，有一位老师会让学生用一周的时间制作一份人物专辑小报。开始，由学生选择一位心目中的英雄，然后向大家介绍他。老师会给定一个模板，最后的呈现是这位大英雄的个人简历。

有的孩子选择了爱因斯坦。第一天,他从网上搜索,读爱因斯坦的介绍文字及故事,把自己认为很有意思的事情抽出来就是生平故事,这是作业的一部分。第二天,他再上网查,了解爱因斯坦为什么从德国到美国,这也是作业的一个内容。每天如此,学生在此期间完整地了解了爱因斯坦的童年、生平事迹、主要成就,最后他需要思考自己从中学到了什么。第五天他就把之前了解的信息制作成人物专辑简报。

在制作简报的时候,老师会引导学生思考什么样的简报能吸引读者。关于这个话题,又涉及推销自己的作品的内容。这样一个项目进行下来,可以拓展学生多个方面的知识以及培养他们的能力。

值得一提的是,美国老师的教具以及学生在做项目中要用到的材料,多是废物利用。他们变废为宝,用来装饰教室、辅助学习,用自己的努力与行动让世界还是那个绿色世界。

在我到美国的这30年间,可以看到,做项目基本上成为中小学，包括大学教学中不可分割的一部分。为什么会这样？这是社会需要。老师要走下讲台，和学生分享讲台，在项目中鼓励和培养学生的学习自主性。

第4节
辨析活动、项目、问题的关系

APPB 学习法是一种通用的方法,各个学科以及各种教材都可以采用这样的学习模式,也适用于跨学科学习。目前,APPB 学习法在美国 STEM 教育中应用较多,比如由项目引路(Project Lead The Way,简称 PLTW)机构开发的小学至高中的课程项目,是动手实践性的综合性课程,注重培养学习者的协作意识、批判性思维、创造能力、创新精神和问题解决能力。

让我们回顾活动、项目和问题的定义,并讨论在学校环境中，它们如何发生。

活动是教师借助于实物和设备，比如卡片、教材、玩具，以学习知识、练习技能为主，活动过程中一定要给学生说话的机会，强调双方的互动。区别于传统的做法是，把"老师说、学生听"变成"老师说、学生也说"，师生间要互相倾听。

项目是在活动基础上深化学习，强调结构、框架、过程和结果，学习者应该拥有一定概括能力，这比应用知识练习的要求更高一些，还要有执行能力与评估能力，包括自评和互评。

问题是运用所学提出问题，活动和项目都由问题驱动。学习者运用所学尝试提出问题解决的方案，并在可能的情况下付诸实践，并进行反思，推进学习的深度。问题强调两点：一是真实，基于学习者的真实生活经验，提出一个具有现实性的问题；二是开放，老师给学生自由去提出问题，大家一起开拓对于世界的观察和考虑，互相分享解决问题的成果。

问题驱动活动、项目，学习者通过活动、项目，思考更深的问题，整个过程是一个呈螺旋形上升的循环。基于学习者生活经验的问题，有助于提高他们的学习兴趣、热情，在活动中练习、在项目中实践，又增加了经验，提升了素养，这种经验和素养，可以帮助他们应对真实生活中的不确定性，从而具备一种强健而广泛的适应力，即全球胜任力。

在不同年龄和学习阶段，活动、项目和问题的侧重有所不同。在学校，这些活动、项目和问题随着课程的推进而变得越来越开放，随着年级的升高而变得更具挑战性。

低年级，即从幼儿园至小学三年级这个阶段，学习以活动为主，学生尝试做项目，比如一年一两个项目。三年级前，青少年的知识储备有限，思考是较为碎片化的，行动能力也不足，所以项目要求不用非常严格。

从三年级开始至小学四五年级，在活动的基础上，要开展有一定深度的项目。老师要根据教学目标拟定计划。一个有计划的老师，可以尝试将三至五个活动"变成"一个项目，每个项目要有结果汇报。

到了小学高年级，至初中阶段，问题引领活动、项目的特点更显著。需要注意的是，问题一定要来自现实生活，并且通过活动、项目寻找解决问题的方案、展示过程和结果。

到了高中和大学，那就是以问题驱动的小组学习为主，学习者根据不同问题采取不同的活动和项目，在活动和项目中增长知识、技能，发展沟通与合作、创造力、批判性思维等各种能力，逐渐将学习兴趣与未来的职业、事业建立起联系，并切实提高自己的全球胜任力。

想 一 想

活动、项目有什么区别和联系？

活动和项目的区别主要体现在学习目标、结果和评价三方面。

活动的目的主要是为了让学生学习知识与技能，项目主要是为了让学生在真实环境中应用知识与技能。在活动中，教师精心设计学习场景，为学生习得知识与技能搭好脚手架。在项目中，学生自主选择主题，制订计划与提出方案，选择项目成果与展示方式，在过程中实践核心素养，培养全球胜任力。

无论是迷你活动、小活动还是大活动，评价方式大多以过程性评价为主，帮助教师了解学生对知识和技能的掌握程度。有些迷你活动和小活动并不需要每个活动都有对应的评价，老师可以在一节或几节课后，在课堂上用提问的方式了解学生的学习情况，补充相应的知识点。项目式学习的评价方式则需要过程性评价与结果性评价相结合。学生既能通过分数了解自己对知识与技能的掌握与应用情况，也能从具体点评中为下一个项目中更好的表现做准备。

　　有计划的老师，可以将小活动发展成大活动，并且引导学生从活动中发现问题，从而变成项目，比如"认识自己的衣服"这个小活动，可以发展成一个学期的大活动——"时装展"，然后，通过学生结合自己生活经验，以及更多思考，变成一个探求服装来源与旧衣去处的项目，并可以结合可持续发展目标12——负责任消费和生产：采用可持续的消费和生产模式。

第 5 节
实用工具——哈佛可视化思维路径

1967 年，哈佛大学教育研究生院创立了零点项目。五十多年来，零点项目在心理学、教育学、艺术教育等方面取得了多项研究成果，在现代艺术教育中产生了广泛而深远影响。如今，该项目着力于研究更多面向未来的学习、思维和创造力，包括全球胜任力。2017 年，零点项目在成立 50 周年之际，发布了最新的研究成果——为可视化思维开发的思维路径工具箱，用来支持青少年的学习和思维发展。

可视化思维，简单来说就是利用思维工具把一个人的思维过程变得具体、形象、可见。对于家长和老师来说，可视化思维不仅能帮助孩子一步步思考，还能检验他们的思维过程，这样就能更直观地了解哪里掌握了，哪里需要进一步提升，从而给予协助。

可视化思维有以下四个特点：

（1）思考得越多，学习效果越好，学习是思考的结果。为什么这么说？因为当孩子从不同方面思考所学时，他们是在想办法理解知识，只有把知识理解透了，才能转化成自己的所得。

（2）学会思考后获得的不仅是一种技能，更多的是形成一种开放的态度。开放的态度造就开放的思维，开放的思维又能带动孩子用好奇心、想象力、批判性思维去更多地思考。

（3）让孩子在社会互动中发展思维。生活是一个大世界，教室是一个小世界，孩子在这个世界里相互接触，彼此学习，从师生共同构建的教室文化中获得思维发展。

（4）培养思维需要让思维可视化。我们可以说自己正在想什么，但没法亲眼看见大脑如何运作。孩子在还不能开口讲话的时候，往往爱在墙上涂涂画画，这代表他们正在思考。长大后，他们可以将所思所想说出来或写下来。采用将思维可视化的手段能帮助他们改善和反思想法。

我们挑选了适合发展全球胜任力的四个可视化思维工具，结合案例进行分析。

- **三个为什么**[①]

> **三个为什么**
> 1. 为什么这个话题或问题对我很重要？
> 2. 为什么它会影响到我周围的人、城市及国家？
> 3. 为什么它会对世界造成影响？

这个工具，顾名思义，从"为什么"问起，引导孩子换位思考，关注一个议题在个人、地区和全球三个层面的影响：一是这个议题对个人来说，为什么重要；二是从更高的一个层级思考，它怎么影响周围的人、城市及国家；三是它怎么更广泛地影响世界。根据不同的议题，我们可以按顺序或倒序来提问。当孩子一步步跨越个人、地区和全球去思考问题，将自身置于本地和全球的环境中去寻求联系，他更能明白一个问题为什么重要。只有当孩子意识到一个问题的重要性时，他才更有动力去学习和理解。

---

① "三个为什么"可视化思维工具为哈佛大学教育研究生院创立的零点项目研究成果。(The 3 Whys thinking routine was developed by Project Zero, a research center at the Harvard Graduate School of Education.)

以垃圾分类为例，现在，很多城市都在大力推行垃圾分类，学校也教孩子怎么区分各种垃圾。但孩子是否明白为什么要将垃圾分类？能否理解垃圾分类对个人、社区、城市乃至世界的意义？家长和老师不妨用"三个为什么"这个工具，来启发孩子思考这些问题，培养孩子辨别一个议题的重要性，以及它与个人、本地及全球的联系。

什么时候用这个工具？在学校环境中，如果老师认为一个主题值得进一步探究，尤其是单元开始的时候，这个工具就很适用。比如在一个课堂活动中，学生们要学习将不同的垃圾分类，在不同的日子放到回收桶里，就可以从他们自己的经验开始讨论："你所在的社区有什么样的回收规则？""你觉得实行起来方便吗？""垃圾回收为你的生活带来了哪些改变？"然后，再讨论垃圾回收对于个人、地区和世界的意义。当然，还可以让学生们分组讨论，将想法进行比较，求同存异。这样，一个议题的重要性就会显得更为丰满，解读才会更加多元。

这三个"为什么"可以打开一个人的思维，使其从个人、地区和全球的角度去探究问题。

此外，如果一个话题离生活经验较远，比如跟从小衣食无忧的孩子谈论贫困问题，也可以使用这个工具。首先，我们可以用图片或视频向孩子展示贫困地区孩子的生活现状，让孩子意识到原来在离我们不远的地方，一些同龄人正这么艰难地生活着。然后，再问孩子："你认为什么样算贫困？""你见过最贫困的人是怎么生活的？"调动孩子的生活经验，让他说出自己的看法。接下来，运用"三个为什么"进一步探索问题："为什么消除贫困对个人、地区和世界都很重要？"而不是泛泛地问："为什么消除贫困很重要？"

- 进来—退出—退一步[1]

	进来—退出—退一步
选择	确定你正在调查的场景中的一个人或一个主体
进来	就你现在看到的和知道的，你认为这个人他感觉、相信、知道或经历着什么？
退出	若要深入了解这个人的观点，你还要学习什么？
退一步	就目前为止对这个观点的探索，你自己的观点是什么，以及如何理解别人的观点？

---

[1] "进来—退出—退一步"可视化思维工具为哈佛大学教育研究生院创立的零点项目研究成果。(The *Step In - Step Out - Step Back* thinking routine was developed by Project Zero, a research center at the Harvard Graduate School of Education.)

首先，学习者可以选择他感兴趣的研究对象。然后，根据目前了解到的信息，说说你觉得这个人正在经历着什么、他有什么样的观点和感受。接下来，跳出对他的初步印象，想想怎么才能更深入地了解他。最后，在深入了解后，说说自己的想法有什么改变，要学会理解别人的观点的方法。只有尽可能多地获取信息，不带偏见地理解他人，才更有可能去尊重别人的观点和文化，而不是将自己的价值观和信仰投射到他人身上。

当我们需要对一个人物做出评价，或者面对不同观点，需要换位思考，以及探索更多想法时，可以使用这个工具。尤其是当我们一开始对某个人抱有刻板印象，或者坚持某个观点时，这个工具让我们跳出固有思维，去获取更多信息，直至获得新的想法。

这个工具有助于换位思考，认识到理解他人是一个持续的、不确定的过程。在"进来"这个环节，学习者明白自己是在用有限的信息进行推理，因此得到的结论很可能是片面的。在"退出"这个环节，学习者会挖掘出更多的信息，打破以往的刻板印象。有些人会为自己对别人预先的判断感到不安，但没关系，我们都对别人有第一印象，反过来，别人也会对我们有第一印象。这是正常的,所以我们才要挖掘信息,从不同角度去理解他人。在"退一步"环节,学习者可以反思是什么影响了自己的判断,是经验知识、文化,还是语言?

总之,我们可以通过这个工具培养孩子换位思考的能力,让他们看到人类经验的复杂性,尤其是那些与自己过着不同生活的人。当我们仔细听孩子的论点时,要在心中问这几个问题:孩子能否识别一个人或群体的观点与他们自己的观点相似或不同?他们能想象自己扮演别人的角色吗?他们能看出社会制度和更广泛的社会价值观影响他们的观点吗?根据他们所处的状态,推进后续讨论与学习。

- **还可以怎么说以及为什么?** [1]

我想说的是……	陈述并解释自己的想法
我还可以怎么说以及为什么?	考虑意图、观众和情境来重新表达想法(语言、语气、肢体语言)
重复问题	

---

[1] "还可以怎么说以及为什么?"可视化思维工具为哈佛大学教育研究生院创立的零点项目研究成果。(The How Else and Why? thinking routine was developed by Project Zero, a research center at the Harvard Graduate School of Education.)

为了适应不同的语境，达到不同的交流效果，我们与人沟通交流时会调整自己的语言风格及用词。"还可以怎么说以及为什么"这个工具很适合在与人沟通交流时整合与探索想法。在应用APPB学习法的全球胜任力教育中，很多时候都涉及小组学习，能够有效沟通是团队合作的必修课。

平常，教师可以让学生分组练习这个工具，一问一答会让双方获得即时的反馈。当学生们完成了一个项目，要向大家陈述自己的作品时，用这个工具练习表达能力会帮助他更好地传达自己的想法。具体可以这样做。首先，制造一个沟通场景，让学生陈述自己的想法。然后提问，你觉得这样表达对方能理解你的意图吗？怎么表达对方理解起来会更容易？可以借助哪些工具帮助表达？图片、视频，还是其他？接下来就是视情况而调整，重复这一过程。在这个过程中，我们要鼓励学生主动思考交流的目的、对象和语境。最终，让学生意识到，得体、有效、尊重的文化交流及反思的重要性，尤其是交流对象与我们的经历不同的时候。

- **行动圈**[①]

> **行动圈**
>
> 我能贡献些什么……
> 1. 在我的核心圈子里（朋友、家人、我认识的人）；
> 2. 在我的社区（我的学校、邻居）；
> 3. 在这个世界里（超越直接的环境）。

具有全球胜任力的孩子不仅会有意识地关注社会，更重要的是他们会采取负责任的行动。当然，有行动的想法不一定就有行动的能力，因此行动的范围和领域可大可小。小到自己的核心圈子，大到世界，都是可以的。为此，我们可以使用"行动圈"这个工具，让孩子就解决一个问题，在个人、本地与全球层面提出不同的行动方案。

比如，在一个设计绿色校园的任务中，我们可以用"行动圈"来讨论方案的可行性。首先询问："你要做些什么来影响身边的老师和同学？"方案可能是倡议大家减少使用一次性筷

[①] "行动圈"可视化思维工具为哈佛大学教育研究生院创立的零点项目研究成果。(The *Circles of Action* thinking routine was developed by Project Zero, a research center at the Harvard Graduate School of Education.)

子和塑料瓶、自己带饭盒和杯子等。获得初步方案后，我们试着把行动范围扩大一点，这个方案可以应用到别的学校吗？会遇到什么问题？然后，拓展到世界范围，绿色校园是否能够为全球变暖做出贡献？我们还能为减缓全球变暖采取什么行动？

运用这些工具，青少年学习者会一步步提升全球胜任力，从认识问题的重要性，到以不同角度去审视自己及他人的观点，再到得体地与他人进行交流合作，最后采取负责任的行动。可视化思维工具不只应用于课堂，在家庭环境中也可以使用。经过不断的练习，面对不同场景，学习者们会越来越熟练地使用思维工具，越来越会思考和学习。

第6节
家长如何为孩子发展全球胜任力搭建脚手架

孩子是天生的学习者,学习是进化赋予我们的生存本能。认知科学的发展,让我们对孩子的学习机制有了更多了解,比如新生儿出生后就已经为学习做好了准备,他们的感知觉处于良好的工作状态,视力和听力足以觉察到周围的事情,并能对这些信息做出具有适应性的反应。出生不久的婴儿就已经能够学习,甚至可以记住一些经历,尤其是那些特别生动的经历。

建构主义学习理论提倡在成年人指导下的、以学习者为中心的学习，也就是说，既强调学习者的认知主体作用，又不忽视成年人的指导作用，成年人是意义建构的促进者，而不是知识的传授者与灌输者。青少年学习者是信息加工的主体，是意义的主动建构者，而不是外部刺激的被动接受者和被灌输的对象。成年人也是学习资源的提供者，在学习过程中，学习者既需要专业知识，也需要项目运行经验，在自主探索不可得的时候，需要成年人提供获取信息的渠道、方式等资源。

如何做呢？心理学家布鲁纳提出过一个非常形象的概念——脚手架，说的是孩子的学习和成长就像起高楼，父母和老师对孩子的帮助，就像脚手架那样起到辅助和支撑的作用。这种理论被称为支架式学习理论（Scaffolding）。脚手架由一级一级台阶构成，每一级都升高一点点，辅助平地起高楼，类似成长从量变到质变的过程。支架式学习也是APPB学习法的特征之一。

在前几节，我们重点分析了在学校环境中，教师如何作为促进者，协助学生学习，但我们知道，在一个孩子进入学校前，家长就是孩子的导师，并且会对孩子的终身发展产生重要影响。所以,这一节,我们关注家庭环境中,家长如何搭建脚手架,培养孩子的全球胜任力。

- **启发式提问,帮助孩子找到兴趣与信念**

也许有的家长会疑惑,如果自己不具备系统的专业知识,如何引导孩子学习,尤其是全球胜任力这样听起来非常专业的概念。确实,如果跟老师相比,大多数家长不具备开展有计划、有组织的活动课程、项目式学习的条件,但是,作为孩子的家庭导师,家长有很多优势,可以为孩子的学习与成长搭建脚手架。第一个脚手架是启发式提问,帮助孩子找到兴趣与信念。

好奇是人的天性,还不会说话的宝宝到了新鲜环境就会东张西望,三岁的孩子整天询问"为什么",等到上学了,"为什么"不再挂在嘴边,因为他学会了在脑袋里提问和思考。我们在黄金圈法则中看到,引领一个人成长与发展的正是询问为什么。寻找答案的过程中,孩子会习得知识与技能,获得自信,发现复杂事物背后的原因,将小小的兴趣慢慢变成人生的信念与使命。

我们已经知道，思考得越多，学习效果越好，所以，多进行启发式提问，可以促进孩子的思考。顺着孩子好问为什么的天性，有心的家长只需要顺势而为，就可以推动孩子循着兴趣学习。我们在前文讲过一个例子，当孩子询问为什么飞机有翅膀，作为父母，既可以直接解释飞机的设计原理，也可以先鼓励他自己探索，可以从观察飞鸟的特点开始，或者折个纸飞机，看看有翅膀和没翅膀到底有什么区别、不同形状的翅膀会不会影响飞行的远近等等。

如果要做得更好一些，倾听和观察非常有效。多听孩子说，多看孩子的行动，能够更好地发现孩子真正的兴趣，以及遇到的问题，然后有的放矢地给予协助。

如何将一般性的问题引向全球胜任力？可以使用前一节的思维工具"三个为什么"。比如跟孩子讨论为什么学习很重要。第一个问题是："为什么学习对我很重要？"答案也许是好玩，也许是学了知识可以做更多有趣的研究。第二个问题是："为什么每个人的学习会影响到周围的人、城市和国家？"这是一个大题目，但我们在家里可以从小处切入，比如每个人都能好好学习，也许就能创造更多发明来改善大家的生活，比如生产出既高产又不破坏环境的粮食。第三个问题是："为什么每个人的学习会对世界造成影响？"沿着第二个问题，我们很容易想到，如果大家的生活都很愉快，也许就能减少战争和灾难，所有人都能更好地生活。讨论不一定都是正向的，如果孩子说学习是为了得高分，或者学习是为了父母高兴，都不应该批评，而是继续探讨。真实的经验和思考是最重要的，能导向有意义的行为，即真正的行动。

- **做榜样，共同学习与成长**

我们已经从认知科学中知道，在人的学习过程中，模仿是特别重要且有效的方式。在家庭里，我们经常说："一流的家长是榜样，二流的家长是教练，三流的家长是保姆。""言传身教"是父母作为导师最需要做到的一点。"身教"相较于"言传"更重要，孩子会模仿父母，而不只是听从要求。

2016年我们国家硕士研究生英语考试的作文题是看漫画写文章。左边图上，一个父亲在跷着二郎腿、抽着烟玩游戏，他对旁边正在埋头写字的孩子说："儿子，你给我好好学习！"右边图上，则是儿子在勤勉努力，父亲也在挑灯夜读。这两个家庭的孩子会有怎样的发展，我们观者都有自己的判断。

我们家祖祖辈辈都是农民，我的父亲只上到小学二年级，但是他酷爱读书。没有农活的时候，他就会到县城的图书馆去借书，每次从城里回来的时候一定都会带着一袋沉甸甸的书。父亲读书的样子在我的脑海里就是一尊雕塑，这是我对父亲的记忆，于是，我也喜欢读书。读书是一个世界，需要父母去引领孩子。

当父亲读了很多书的时候，他产生了创作的欲望，于是开始拿起笔去尝试写作。湖南乡下的夏天非常炎热，蚊子也非常多，父亲把腿放在水桶里，左手拿着蒲扇驱赶蚊子，右手下面垫着毛巾以防浸湿稿纸——这一幕对我来说又如一尊雕塑，是父亲为我留下的最重要的"资产"。后来，我父亲发表过很多以农村为题材的作品。多年以来他很少对我说什么，却通过行动对我进行了深刻的教育，呈现在我身上就是我也喜欢读书，做事投入而执着。我在人生的旅途中和事业的打拼上，不知遇到了多少个"沙尘暴"，是父亲无言的勤奋与执着，激励我、指引我，闯过一个又一个难关。

我的母亲是一位乡村小学教师。她把每一个学生都看成是自己的孩子，所以，直到现在依然还有不少学生时常来家里看望她老人家。一直以来，我都觉得要当好一个老师，就应该像我母亲那样，热爱每一个孩子。

我认为自己非常幸运，因为从父母那里得到了这两样东西——父亲对事业的执着、母亲对教育的热爱。

当我自己有了孩子以后，就特别注意给孩子树立榜样，我做不到的事情，不会对孩子提高要求；我希望孩子做的事情，就自己先学习和实践。新冠肺炎疫情期间，远在美国的孩子天天在家上班，我跟我爱人就担心他因长期不锻炼而长胖，影响身体健康。怎么办？我们俩决定每天坚持跑步，并且在家庭群里打卡，既让孩子对我们的身体健康放心，也用行动提醒他要锻炼身体。过了几天，孩子受刺激了，也开始参加跑步打卡。很多时候，家长给孩子讲大道理没用，你要以身示范。想让孩子运动，自己先愉快地跑起来，并且把这种快乐传递给孩子。

不管处于人生什么阶段，是大人还是小孩，人人都有成长的空间。身为家长，我们当然也需要成长，做孩子成长路上的同行者。

很多家长经常问我孩子怎样才能学好英语的问题，我号召这些提问的家长，跟孩子一起学英语。当下是"80后"家长占绝大多数，"90后"家长眼看就要成为生力军了，这些家长，很多受过良好的教育，具有一定英语基础，跟孩子一起出发，起步并不困难。而且，现在的教材更有意思了，原版的英文图书也很容易找到，非常有趣，多媒体课堂也很方便。何不将英语捡起来，和孩子一起，重新出发，开启一场新的学习冒险？

• 放开双手，给孩子试错的机会

脚手架是有台阶的，孩子需要自己往上走。脚手架不像滚动扶梯，乘梯人站着不动就能上升。当孩子还小的时候，台阶之间的距离比较小，让他轻轻一抬脚就能上去，随着孩子年龄的增加，台阶逐渐加高，到了一定时候，就要更多放手，让孩子自己去探索人生。在这个过程中，家长的角色是陪伴者。

每个孩子本来都怀着对世界的无限好奇和憧憬，但如果家长不观察孩子的兴趣，并予以支持，甚至事无巨细安排好孩子的一切，当孩子询问为什么的时候，要么粗暴批评，要么用答题的方式告知标准答案，剥夺孩子思考的机会，待他长大了，虽然可能习得了十八般武艺，但却不知道为什么要做这些事，从而对一切都失去兴趣。

　　我曾经遇到过一个带着孩子来咨询的家长，他有两个问题：孩子高二了，应该参加高考还是出国读本科？选什么专业？我看向那个孩子，问道："小伙子，你自己有什么想法？"年轻人低下了头，轻声说："没什么想法，都可以。"家长又接过了话头，说："我这孩子就是这样，没什么主见。"看到这种情况，我可以想象，这个孩子不是没有过想法，但是父母一路为他解决了各种难题，使他没有机会真正思考和探索过自己的人生，在高考和专业选择这么重要的问题上，他选择了逃避。那么，未来还有很多重要的选择，比如就业、择偶，难道也要父母来决定吗？

　　我们常常说，如果遇到困难的选择，要追随你的内心。可是，一个人如果前半生是被父母包办的，一路有人指明前进的路标，前进、左拐、右拐，突然有一天方向盘交到自己手上,就会像这个年轻人一样迷茫,或者即使有零星的想法,也难有勇气去尝试。

我对自己孩子的态度就是,只要这件事情不是坏事,他想干,就支持他。是否能坚持下去,是他的事。身为父母,我和他母亲总是鼓励他"海阔凭鱼跃,天高任鸟飞",把充分的选择权交给孩子,让他在试错中学习和成长。最后孩子自己会自己选择,发现最适合他的事物与方向。

全球胜任力的提升是一个习得与不断进步的过程,需要孩子不断探索,逐步发现自己的兴趣与能力,增长经验,明确使命与责任,然后如何做与做什么就自然而然地出现了。即使是做错了,也不要紧,试错就是探索最好的方式。

作为家长,在这个过程中,最好能坚持做榜样,要求孩子书声琅琅,自己就试着翻开书本,甚至笔耕不辍,才能成为孩子成长路上的促进者、同行者、陪伴者。

―――― 延伸 阅读 ――――

PISA全球胜任力评估报告出炉：
父母越包容，孩子越开放！

2020年10月22日，经合组织发布了国际学生评估项目PISA2018全球胜任力评估报告：《学生们准备好在一个相互联系的世界里茁壮成长了吗？》(*Are Students Ready to Thrive in an Interconnected World?*)。

PISA是由经合组织发起的教育评估监测项目，主要面向全世界15周岁的学生，每3年举办一次，从2000年首次举办，至今已进行到第7轮。

与上一轮评估相比，PISA2018新增了学生全球胜任力测试。我们从报告中总结出了值得家长关注的8个要点。

1. 不能完全凭借学生的阅读、数学、科学测试水平来预测他们的全球胜任力。全球胜任力需要培养与学习，不能单靠学科学习。在这次评估中，哥伦比亚的学生在学业水平上并不突出，但全球胜任力水平却比预期中更好；相反，韩国学生在学业水平上相对优秀，但全球胜任力水平却没有达到预期水平。

2. 孩子的全球胜任力水平受其家长影响。如果家长更了解全球议题，孩子也会更了解全球议题。如果家长愿意多学一门语言，孩子也更愿意学习其他语言和文化。如果家长愿意为集体福祉和可持续发展采取行动，孩子也会跟着这么做。

3. 会说多种语言的人更尊重不同文化背景的人。在参与测评的大部分国家和地区的学校里，学生可以选择学习两门及以上语言。在拉脱维亚、新加坡以及中国香港地区，超过90%的学生会说两门或以上的语言。

4. 在参与PISA全球胜任力测评的国家中，超过80%的校长提到学校教育里已涵盖全球性议题，包括气候变化、贫穷、饥饿等。但是，进行本次评估的时候还没有暴发新冠肺炎疫情，结果显示，全球健康并不是一个在学校中广泛讨论的学习题材。

5. 在分析当地、全球和跨文化重要议题方面，尊重其他文化的学生往往对不同文化抱有更为开放的态度，全球胜任力水平也会更好。

6. 在理解和欣赏他人视角和世界观方面，观点采择的能力越好，学生尊重其他文化、学习其他文化以及对于不同文化的适应性的能力越强。

7. 在进行开放、得体和有效的跨文化互动方面，学习多种语言有利于培养对于文化更开放的态度，进而进行更为开放、得体以及有效的互动。

8. 在为集体福祉和可持续发展采取行动方面，对采取行动持开放态度的学生会为可持续发展与集体福祉采取更多的行动。

值得一提的是，父母在孩子的生活中扮演着重要的角色。一定程度上，父母帮助孩子塑造他们的人生观、态度和信仰体系。父母表现出对不同文化、全球议题感兴趣，孩子也会受到正面影响去感受更多元的世界。简单一点说，包容的父母更有可能培养出开放的孩子。

（本文由新航道全球胜任力研究中心编译，首发于微信公众号"向日葵国际教育"。）

3

做什么
可持续发展的17个全球议题

前面两章，我们详细了解了青少年教育黄金圈法则的"为什么"和"怎么做"，这一章，要来认识"做什么"，即全球胜任力教育的内容——17个可持续发展议题。

2015年的联合国大会上，各国国家领导、政府首脑、联合国高层代表与民间团体齐聚纽约，通过了17项可持续发展目标。联合国教科文组织特别强调了将这些可持续发展议题融入优质教育的重要性。培养具有全球胜任力的青少年，是教育界对可持续发展目标的回应。

在上一章中，我们谈到了APPB学习法强调与生活的联系和真实经验的重要性。问题驱动的活动、项目，需要青少年结合实际生活，提出真实问题，设计切实可行的行动方案。17项可持续发展目标正是基于当前世界的变化而提出的真实议题，与每个人的生活都有着紧密的联系。学习者在思考问题、提出解决方案的过程中，培养自己的批判性思维、沟通、合作以及创造与创新能力，提升全球视野，激发学习热情。

本章会详解17个可持续发展议题，通过时事与教育案例，讨论如何将各个议题融入青少年的学习之中，整合来自联合国官方以及相关组织的绘本、漫画等资源，分步详解在正文中出现的可持续发展目标，以供教育者和家长参考。

第1节
哪些是与自己息息相关且
关切人类命运的议题

学习不能通过一味的说教，我们不妨从孩子喜欢的游戏开始，在玩的过程中，拓展全球视野。

有一款名叫《埋葬我，我的爱人》（*Bury Me, My Love*）的手机游戏，从名字来看，这似乎是个浪漫的故事，实则不然。在这个短信互动式文字冒险游戏里，玩家将会扮演一名身处叙利亚的男性角色，名叫马吉德。2011年初，叙利亚内战爆发，大量难民背井离乡，试图远离战争区域，马吉德的妻子努尔也是其中之一。马吉德时不时地用短信传递消息，这些消息影响努尔的逃难之路，从而走向不同结局。

开始玩这个游戏才知道，原来，世界是这么危险的一个地方。在游戏中，当努尔不能及时回复信息时，扮演马吉德的你会不由自主地开始担心，她是不是遇到了心怀鬼胎的偷渡贩子，她会不会轻信别人的谎话，会不会在路上遇到了什么意外，甚至担心她能不能平安地看到第二天的太阳。游戏的最后，努尔或许在和平的国家开始了新生活，或许永远地停留在了战乱的区域。这不由得让人感叹和平的可贵。

这个游戏取材于真实的背景和事件。2015 年，一个趴在沙滩上的小男孩震惊了世界。他和父亲也是由于叙利亚内战，被迫逃离家乡，乘一条小木舟，希望在希腊展开新的生活。可让人意料不到的是，小木舟翻船了，小男孩不幸罹难。这张照片传遍了世界，让全世界意识到，这种惨剧并非偶然。和平、正义、减少不平等，这些可持续发展议题对于全世界每一个人、每一个国家都同等重要。

正是因为可持续发展对于全球每个人的重要性，《2030

年可持续发展议程》于2016年正式启动。该议程的核心是17项可持续发展目标（见表3），旨在确保现在和将来地球上每一个人都能享有可持续、和平、富足和公平的生活。这些普遍的、具有变革意义的、包容的可持续发展目标描述了人类面临的重大发展挑战，包括减贫、促进就业、公平教育以及性别平权等。

可持续发展对人类社会至关重要，直接关系到每一位青少年的未来，因此，青少年比任何一个群体都更应当关注这些议题。2020年4月，泰晤士高等教育大学影响力排名改变了传统意义上的大学评价方式，不再仅仅依靠声誉和研究声望等传统指标，而是将可持续发展目标加入测评标准。这样的排名方式提供了一种新的衡量标准，展示了教育界对可持续发展做出的积极响应。

表3　17项可持续发展目标（中文版）

17项可持续发展目标（SDGs）[①]

1. 无贫穷：在全世界消除一切形式的贫困
2. 零饥饿：消除饥饿，实现粮食安全，改善营养状况和促进可持续农业
3. 良好健康与福祉：确保健康的生活方式，促进各年龄段人群的福祉
4. 优质教育：确保包容和公平的优质教育，让全民终身享有学习机会
5. 性别平等：实现性别平等，增强所有妇女和女童的权能
6. 清洁饮水和卫生设施：为所有人提供水和环境卫生并对其进行可持续管理
7. 经济适用的清洁能源：确保人人获得负担得起的、可靠和可持续的现代能源
8. 体面工作和经济增长：促进持久、包容和可持续经济增长，促进充分的生产性就业和人人获得体面工作
9. 产业、创新和基础设施：建造具备抵御灾害能力的基础设施，促进具有包容性的可持续工业化，推动创新
10. 减少不平等：减少国家内部和国家之间的不平等
11. 可持续城市和社区：建设包容、安全、有抵御灾害能力和可持续的城市和人类住区
12. 负责任消费和生产：采用可持续的消费和生产模式
13. 气候行动：采取紧急行动应对气候变化及其影响
14. 水下生物：保护和可持续利用海洋和海洋资源以促进可持续发展
15. 陆地生物：保护、恢复和促进可持续利用陆地生态系统，可持续管理森林，防治荒漠化，制止和扭转土地退化，遏制生物多样性的丧失
16. 和平、正义与强大机构：创建和平、包容的社会以促进可持续发展，让所有人都能诉诸司法，在各级建立有效、负责和包容的机构
17. 促进目标实现的伙伴关系：加强执行手段，重振可持续发展全球伙伴关系

[①] 来自联合国可持续发展目标官方网站。

第2节
从教育开始，打破不平等

让我们先看大家最关心的话题——教育。教育是实现诸多可持续发展目标的关键。**优质教育**是第四个可持续目标，意味着教育更加包容和平等，能够促进全民终身学习。同时，教育能够提升社会地位，更是摆脱贫困的关键。

贵州省望谟县一所中学的副校长刘秀祥，讲过一个真实的故事。那一年，一个读高二的女学生被迫辍学去打工。他前后12次翻山越岭去学生的家里劝说家长，让孩子继续读书，最终却还是没能成功。此后几年，刘秀祥到许多地方举办励志演讲，筹集资金帮助更多家庭贫困、读不起书的孩子，不让他们因为过早辍学留下人生的遗憾。据报道，经过艰辛的努力，这个项目已经资助了上千个孩子，刘秀祥老师所在的中学，现在窗明几净，随处可见现代化教学设施，打开大屏幕，还能与北京、上海等大城市的老师实现双师课堂，一步步拉近与"优质教育"之间的距离。

同样是在贵州的山区里，借助现代科技的力量，一场特殊的演唱会曾引来了全网142万人的观看，这个规模几乎相当于观众们坐满了15个鸟巢。那么，演唱会的主角又是谁呢？这是一支由大山深处的海嘎小学的学生们组成的乐队。指导他们的音乐老师名叫顾亚，也是在农村长大、曾经也不自信的年轻人。当初，音乐帮助他找回了自信，还组建了自己的乐队。当他来到山区里当老师，看到那些内向、不自信的学生时，他想到了帮助过自己的音乐。于是，他用午休时间教学生乐理知识、演奏乐器，学生组建了"遇"和"未知少年"两支乐队。慢慢地，这些有了音乐的学生越来越开朗，越来越自信。他们表演的视频，甚至获得了知名乐队点赞。在多支乐队的助力下，才有了这场特殊的演唱会。

许多城市里的孩子，奔波在各种补习培优班之间，很多人对教育的认知是负担，而不是稀缺和向往。如何跟他们讨论优质教育这一话题？

一方面，要认识教育的匮乏。读一读下面这些表述，你认为有哪些真的呢？

- 发展中国家的初等教育入学率达到了91%，但仍有5700万儿童失学。
- 据统计，50%的小学适龄失学儿童生活在受冲突影响的地区。
- 全球有6.17亿名青少年缺乏数学和识字技能。
- 受到新冠疫情影响，全球大约有3.69亿依靠学校供餐的儿童需要另行找食物来源，以满足日常营养需求。

不管你相信还是不相信，这些表述都是真的。

由于地理或社会条件限制，世界上有许多孩子居住的区域内既没有学校，也没有老师，他们无法接受教育，或是教育被迫中止，许多孩子一生可能也达不到最低的识字和计算能力标准。尤其是在撒哈拉沙漠以南的非洲，那里聚集了全球超过半数无学可上的孩子。对于这些没有机会受到良好教育的孩子来说，这样公平吗？我们可以从这里开始，与孩子一起了解和探究讨论教育的公平与不公平。

另一方面，要真正追求优质教育。虽然贫困地区的教育匮乏让人惋惜，但是，毕竟这不是发生在身边的事情，要让在城市里的孩子共情并不容易。他们感受到的教育，一定意义上也是苦的，是工业时代培养流水线工人的教育，是教师为中心、教材为中心的教育。对于这种教育的弊端，他们有切身的体会，可以基于这种真实的经验，开展"什么是好教育"的项目。当然，这本身是个大题目，也是本书的主旨，所以如果在青少年中开展，要根据他们的年龄和认知水平，细化成更具体的问题。

第3节
艾玛·沃森发起的性别平等活动

我们再来看另一个可持续发展议题——**性别平等**。微博上曾有一条热搜：16岁女孩担任一日芬兰总理。新闻的背景正是芬兰为响应国际儿童慈善组织推出的"女性崛起"计划，赶在国际女孩日前，邀请了一位来自瓦卡西小村庄的少女穆托担任一日总理。"少女总理"的一天很是忙碌，上午参加了预算谈判，下午又向几位议会代表以及发展与对外贸易部长发表致辞，并且还与芬兰的司法部部长完成了会晤。穆托在当日的工作中敦促芬兰立法者赋予女性技术力量，告诉他们地球上没有任何地方实现了真正的性别平等。

这位芬兰的少女总理说的是真的吗？我们可以来看一看联合国官方给出的数据。全球范围内，国家政府代表中的女性仅占22%，女性在劳动市场的平均收入仍然比男性少24%。在18个国家中，丈夫可以合法地阻止妻子工作。在39个国家中，女儿和儿子享有不平等的继承权。世界上还有49个国家没有保护妇女免受家庭暴力的法律。

性别平等不仅是一项基本人权，也是世界和平、繁荣和可持续发展的必要基础。不仅是女性，男性也应该在学习中接触到性别平等的概念，共同努力打造一个更加和谐的社会。

电影《哈利·波特》中学霸赫敏的扮演者艾玛·沃森，曾以自身经历为蓝本，在联合国总部发表演说。8岁的女孩想要指导舞台剧，会被大人拒绝，还会被扣上"霸道"的帽子，却很少有人用这样的贬义词形容男孩。18岁的艾玛庆祝自己的生日，门口挤满了狗仔队等着拍她的不雅照，而与她同龄的男演员却不会面对这样的困境。为什么仅仅因为性别为女性就要受到区别对待？艾玛的演讲引起了许多女性的共鸣，也为联合国女性运动"他为她"（He For She）拉开了帷幕。

女性和男性都有着同样的机遇能完成自己的梦想吗？

要回答这个问题，孩子需要反思自己的亲身经历，也可以做一个调查活动——我身边的性别平等状况。

首先，以"我身边的领导型角色中男女比例是多少"为题，设计调查表，统计身边有多少男性担任领导型职位，又有多少女性担任领导型职位。调查结束后，将结果填入性别状况统计表，以男性人数除以总人数算出男性领导的比例，女性人数除以总人数算出女性领导的比例。根据各个性别的比例，在代表男女比例的表中涂色，用直观的方式对比性别平等状况。

表4　性别状况统计表

职业	女性	男性
国家领导人		
当地市长/区县代表/领导人		
你的校长		
你的医生		
父亲或母亲的上司		
警察局的局长		
银行经理		
你喜欢的电视节目主持人		
你喜欢的歌手		
学校体育队的教练		

表5 性别状况直观表

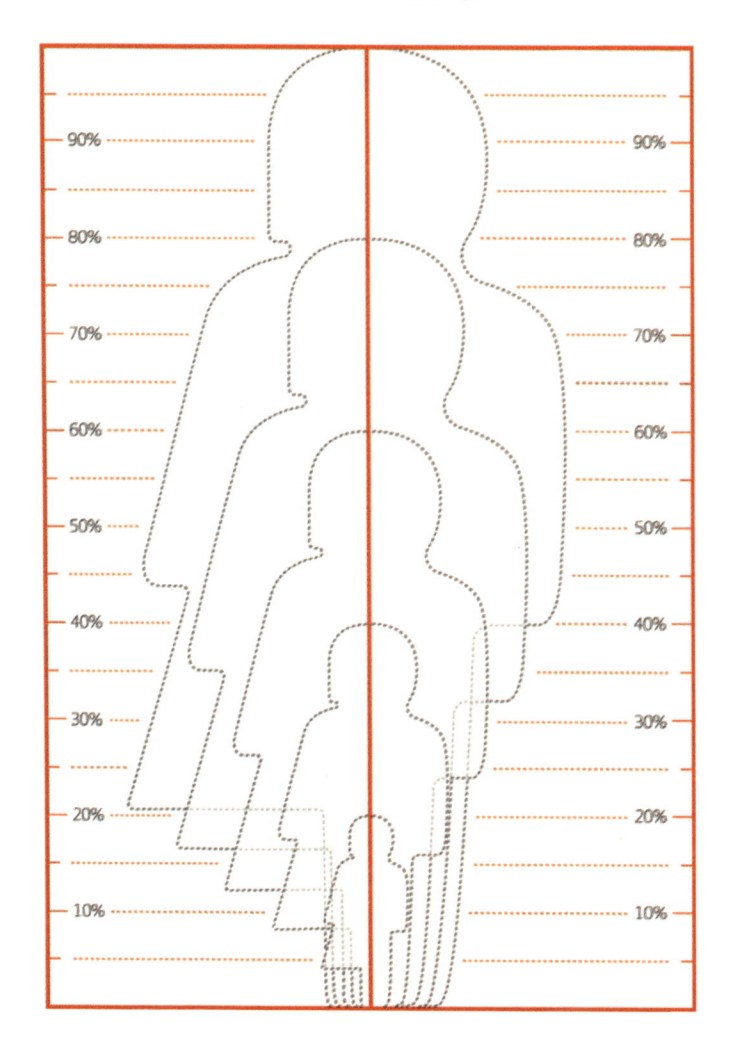

表6 性别状况统计结果

职业	女性	男性
国家领导人		√
当地市长/区县代表/领导人		√
你的校长		√
你的医生		√
父亲或母亲的上司	√	
警察局的局长		√
银行经理		√
你喜欢的电视节目主持人	√	
你喜欢的歌手	√	
学校体育队的教练		√

男性比例：70%　　女性比例：30%

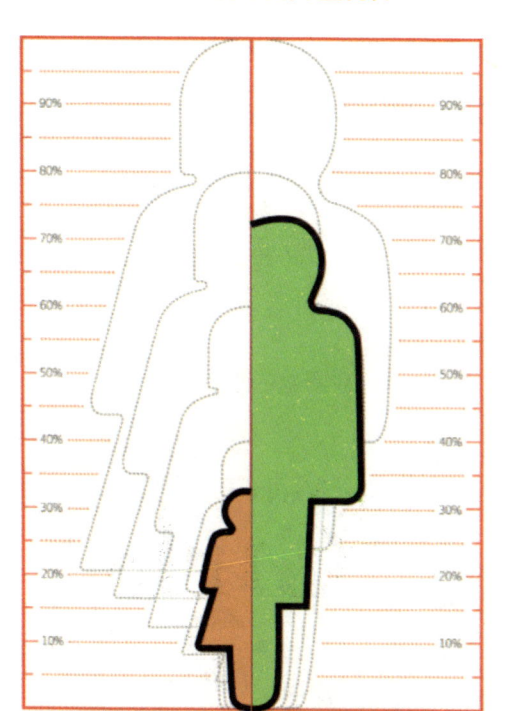

表 7　性别状况结果直观表

表 6 和表 7 是一个示例，并非真实情况。如果表 6 的数据计算得出女性占 30%，男性占 70%，根据该比例给表 7 上色。结果显示，在领导型角色中男女比例并不平等（橙色代表女性，绿色代表男性）。

基于调查结果，我们要和孩子一起追问，探讨深层问题。追本溯源的同时，家长和老师们也需要问一问自己，我们是否给孩子做出了好的榜样？有没有真正做到尊重不同性别，不戴着"有色眼镜"看问题？

学习资源

教育中的性别平等

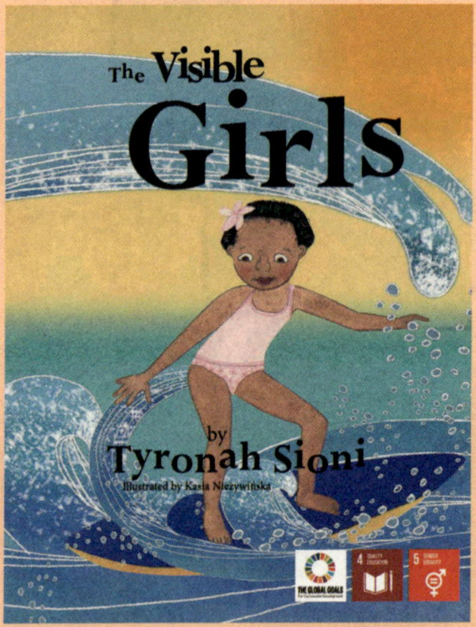

图5　绘本《可以被看见的女孩们》

对于年纪小一些的孩子来说，进行调查研究或许有些难度。我们可以从读一本绘本开始，为性别平等的学习搭起一座脚手架。

故事里的主人公塞恩生活在小岛上，她的母亲从小教育她要尊重别人。这一天塞恩和她的朋友凯蒙坐船去上学。路过一家商店时，他们看到一个男人朝一个女人大声喊叫，把她推倒在地，不允许她进商店。气愤的塞恩冲了过去，制止了他。男人停了下来，却翻了个白眼回到了商店。女人慢慢地离开了。周围的人什么都没有说。塞恩来到学校，和老师、校长讲述了这个故事。老师先是感谢了塞恩和她分享这个故事，又有些遗憾地告诉她，其实，在许多地方，这样的现象都存在，许多人会假装看不见女孩和女人们，仿佛她们都不存在一样。在一些地区，女孩不能和男孩一样去上学，去接受良好的教育。想要改变这样的现状，就要通过教育，让人们慢慢意识到女性的存在，认可女性的价值。于是，塞恩从自己的身边开始，调查女性的生活现状，还从自己的学校开始，用简单的标语宣传女性的地位。她倡议的这项活动的影响力慢慢扩大,先影响了她的学校,然后是她的社区,最后得到了国家领导人的认同。

《可以被看见的女孩们》(*The Visible Girls*)是儿童作家泰伦娜·西欧尼(Tyronah Sioni)的作品,旨在呼吁性别平等,让更多的女孩们受到好的教育。不仅仅是女孩,男孩也需要看一看这样的作品,鼓励孩子思考性别平等的意义。

第4节
和孩子一起让关爱更普遍

了解了优质教育与性别平等,我们再将视线转向一些听起来并没有那么熟悉的议题,比如**可持续城市和社区**。在这个议题中,家长们可以试着用上可视化思维工具中的"三个为什么",思考一件事为什么对自己很重要,为什么会影响到周围的人,以及为什么它会对世界造成影响。

2020年6月，面对新冠疫情，哈佛大学再次通过"让关爱更普遍"（Making Caring Common）这一项目，联合300多所美国大学发表声明，表达了对申请过程公平性的重视以及对申请者个人品质的期许和要求。学术成绩和课外活动不再是重中之重，关爱他人与服务他人的品质成为美国大学衡量学生的重要指标，包括良好的身心健康、服务他人、对家庭的贡献、课外活动和暑期实践。

早在2013年，哈佛大学教育研究生院就发起了"让关爱更普遍"这一项目。这个项目致力于让孩子学会关心他人，热心公益，在日常生活中善待他人，理解公平，寻求正义，并且在不同情况下做出正确的选择。2016年，哈佛大学教育研究生院还联合了美国200多所学校招生负责人，发起了一项名为"扭转潮流"的倡议。该倡议强调，在大学招生过程中，比起优异的考试成绩，更重要的是培养学生的学习热情和道德参与，尤其表现为对他人和公共利益的关心。

这让我们意识到，应鼓励学生多思考"我能否为改变地区问题提供解决方案"等问题，启发学生探索真实问题，给世界带来积极的改变。或许看到这里你就要问了，我不过是一个普通人，我的孩子也不过是普通的孩子，我和我的孩子要怎样表现出对他人和公共利益的关心呢？我们又可以做些什么来给世界带来积极的改变呢？哈佛大学招生处指出，现在的许多家长并没能培养出关心他人的孩子。许多家长重视孩子的成绩，却没有意识到，关心他人是孩子最可贵的品德，这也是为世界带来积极改变的基础。这正是我们培养全球胜任力的出发点。我们希望孩子能尊重不同文化，理解可持续发展议题，更需要他们为集体福祉和可持续发展采取行动。

活动课程

和5个冒险家一起探索可持续发展议题

如何让孩子学习关爱及服务他人？试试"和5个冒险家一起探索可持续发展议题"，这是一个既有趣又能锻炼孩子全球胜任力的活动课程，教师和家长都可以领着孩子一起在玩中学习。

这个系列课程包含5个主题——和平之路、小房子、我们爱我们的星球、友好的墙、给新朋友的地图。整个过程由代表同理心的老鼠、代表好奇心的螃蟹、代表问题解决的豹子、代表创造力的乌鸦，还有代表有效沟通的兔子，带着大家一起去探索可持续发展议题。

图6　探索可持续发展目标的和平之路

以和平之路这一主题为例，我们先通过提问、讨论的方式向孩子介绍可持续发展目标和这5个卡通人物。然后，孩子以创造一条和平、安全的道路为主题，开始这场冒险之旅，它会涉及4个可持续发展议题。

良好健康与福祉：确保健康的生活方式，促进各年龄段人群的福祉。

可持续城市和社区：建设包容、安全、有抵御灾害能力和可持续的城市和人类住区。

陆地生物：保护、恢复和促进可持续利用陆地生态系统，可持续管理森林，防治荒漠化，制止和扭转土地退化现象，遏制生物多样性的丧失。

和平、正义与强大机构：创建和平、包容的社会以促进可持续发展，让所有人都能诉诸司法，在各级建立有效、负责和包容的机构。

具体怎么做？建造一条和平且安全的道路需要以下六步。

第一步，计划。代表同理心的老鼠带着大家一起讨论"和平"、"安全"和"道路"这三个词的意思，并举例说明。孩子需要思考：一条和平的道路看起来、听起来，或者感觉起来是什么样的。接下来，要确定和平之路的使用者，可以是普通或特定的人群，也可以是一群小动物，甚至可以是孩子的玩具。再确定建设区域。这个区域可大可小，这取决于建设者手中的资源。

第二步，准备。跟着代表好奇心的螃蟹出去走走，探索一下这个地区。它安全、和平吗？怎么才能优化它呢？列出可能对构建路径有用的可用材料。实地探访回来后，孩子在大纸上画出空间草图，并计划好路径。这时候，孩子要考虑这条路从哪儿开始，在哪儿结束；它的形状、边缘、标志、装饰和环境要如何规划等等。然后，把这些信息和所需要的材料列一个清单。

第三步，建造。跟着代表创造力的乌鸦收集所需的材料。然后按照已有计划建造路径，并花时间探索团队中出现的问题和想法。

第四步，反思。跟着代表问题解决的豹子一起让用户沿着路径进行测试。它安全和平吗？哪里需要改进？把问题记录下来，写到任务清单里。然后讨论下整个建造过程：怎么做是有效的？怎么做无效？大家如何一起工作？最喜欢的时刻是什么？对接下来要做什么有什么想法？

第五步，庆祝。跟着代表有效沟通的兔子一起，考虑如何与他人分享这条和平之路，如举办一个开幕式。当然，孩子也可以将自己的成果放在社交媒体上与大家分享。

第六步，既然和平之路已经准备投入使用了，那么我们需要考虑，用哪些方法，才能保证这条路在将来继续保持安全与和平。哪些道路材料在短期、长期都稳固？今后，如何分配道路维护的责任以保证它的安全与和平？

这项活动名叫"和平之路"，自然还会涉及**和平、正义和强大机构**的内容。全世界范围内，仅有73%的5岁以下儿童有自己的出生证明，有2850万适龄儿童不能上学。这是我们理想中的和平和正义吗？孩子能为这些不幸的同龄人做些什么呢？

在打造这条和平之路的过程中，家长和老师还可以根据孩子的兴趣和水平，加入其他相关议题。比如，年纪小的孩子可能会选择动物作为和平之路的对象，这正是一个加入**陆地生物**议题的好机会。人类的活动已经影响了75%的地球表面，严重限制了其他生物的生长范围。

生活在城市中的我们可以采取哪些措施呢？讲到这里，我们还可以加入**可持续城市和社区**和**良好健康与福祉**的内容。在未来的几十年，95%的城市扩展会发生在发展中国家，比如中国。城市虽然只占全球土地面积的3%，却消耗了60%~80%的能源，产生了75%的二氧化碳排放。城市人口正在呼吸的空气中的污染物含量高出正常标准2.5倍，造成420万人死于空气污染带来的问题。我们可以做些什么让城市与自然和谐共处呢？与自然和谐相处又会给生活在城市的我们带来什么好处呢？这都是可以探究的话题。看到这里，你是不是感觉，原本遥不可及的可持续发展议题距离我们近了很多。

通过这一系列学习活动，孩子不仅是在了解和学习了可持续发展议题，而且学会了观察周围的世界，换位思考，理解他人感受。在过程中，孩子还需要合作学习，倾听他人的立场和观点，在尊重和理解的基础上向他人讲清自己的思路。不管是家长还是老师，都可以试一试这个系列活动的课程，培养心存善念、关心他人的孩子。

第5节
保护大气层的银河护卫队

| 3 良好健康与福祉 | 9 产业、创新和基础设施 | 12 负责任消费和生产 | 13 气候行动 | 17 促进目标实现的伙伴关系 |

在学习**良好健康与福祉**、**负责任的消费和生产**等可持续发展议题之前，我们可以先从一个电影故事开始认识和探索身边的世界。在读故事的时候，想一想，这些议题究竟是怎么和我们联系起来的。

2020年国庆档的电影《我和我的家乡》里有一个治理

沙尘的故事——《回乡之路》，故事发生在陕西的毛乌素沙漠。许多出生在这里的孩子最大的愿望就是离开家乡，离开这个一刮起风来就黄沙漫天的地方。而如今，曾经寸草不生的沙漠种起了果树，已经是绿树葱葱。根据2020年陕西省林业局的统计显示，这里的沙化土地治理率已经超过了90%，林木覆盖率提高到了34.8%。为了改变不适宜人居的环境，几代人不懈努力，终于将沙洲变为绿洲。

从电影中的治沙还林，到日常生活中的垃圾分类，为改善环境与气候所付出的行动已经逐渐来到了每个人的身边。不仅如此，环境保护更是与其他可持续发展议题相结合，出现在了学生的学习和考试之中。

在剑桥官方给出的FCE[①]考试样题中就曾出现过气候行动相关的内容。在一道写作题中，考生需要将消费与生产对环境的影响，以政府的视角，结合污染、成本等现实问题，写一篇140~190字的短文。想要答好这样的问题，考生需要将生活与学习相结合，深入分析气候行动这个全球性议题，思考如何针对该议题采取行动，并且，在生活中付出行动，

---

① 全称First Certificate in English，是剑桥英语五级证书考试的第三级。

在实践中积累写作的素材。

  不管是生活还是学习，为阻止和减缓气候变化而采取的行动都在变得越来越重要。实现这个目标需要每个人从身边的一点一滴做起，还需要着眼于未来，融入孩子的教育之中。那么，有哪些学习资源能帮助孩子了解这些有难度的可持续发展目标呢？我们不妨来看看下面这本由漫威出版的漫画书，用轻松的漫画引导孩子的英语学习，还了解一下全球各国人民已经为气候行动、良好健康与福祉等5个可持续发展目标付出了哪些努力。

学习资源

保护大气层的银河护卫队

图7 漫画《银河护卫队：臭氧英雄》

在许多超级英雄的漫画与电影中，反派们总是坚持不懈地以毁灭地球为终极目标。如果有一天,反派们不再致力于毁灭地球了,那会是什么原因呢?漫画《银河护卫队:臭氧英雄》就描述了这样一个场景,致力于保护银河系的银河护卫队与反派伊戈在地球相遇了,而伊戈却不再执着于毁灭地球,因为人类已经在替他做这项工作了,难怪反派不用自己动手。臭氧层空洞,再加上消失的森林、退化的土地、酸化的海水,糟糕的气候与生态环境已经将人类的生存推向了毁灭的边缘。

不知道你注意到了没有,漫画中的剧情恰巧符合联合国可持续发展目标13——**气候行动**。这本漫画正是漫威公司与联合国环境署臭氧秘书处合作,为《关于损耗臭氧层物质的蒙特利尔议定书》(以下简称《蒙特利尔议定书》)签订30周年推出的纪念漫画。《蒙特利尔议定书》的签订不仅向气候行动迈出了一大步,对于良好健康与福祉,产业、创新和基础设施,负责任消费和生产,促进目标实现的伙伴关系同样有着显著贡献。

在《银河护卫队:臭氧英雄》这部漫画里,钢铁侠带着银河护卫队深入了解臭氧层破坏的后果,并且介绍了人们已经为减缓气候变化做出的行动。联合国采取措施，号召各国政府、私人企业停用有害化学产品等措施取得了有效的成果，全世界范围内已经停用了99%会破坏臭氧层的化学品。但是，空气污染、植被破坏、生物多样性减少仍然是全球面对的巨大挑战。为此，签订了《蒙特利尔议定书》的国家再次携手，共同为气候变化付出自己的一份力。钢铁侠告诉读者，我们每个人都有超能力，而我们最大的超能力就是共同努力，共同成为超级英雄，尽自己所能，从身边小事做起，保护我们唯一的地球。

漫画中介绍的《蒙特利尔议定书》不仅涉及气候行动相关的知识，以下4项可持续发展目标的相关内容也在其中出现。

可持续发展目标3——**良好健康与福祉**：确保健康的生活方式、促进各年龄段人群的福祉。

可持续发展目标9——**产业、创新和基础设施**：建造具备抵御灾害能力的基础设施，促进具有包容性的可持续工业化，推动创新。

可持续发展目标12——**负责任的消费与生产**：采用可持续的消费和生产模式。

可持续发展目标17——**促进目标实现的伙伴关系**：加强执行手段，重振可持续发展全球伙伴关系。

这些可持续发展目标在漫画中如何体现？作者在书后就不同目标之间的关联给出了专业解读。

以良好健康与福祉为例，漫画中反复出现的臭氧层空洞，会造成动物与植物过度暴露在紫外线之下，导致人类罹患皮肤癌、白内障的风险大大增高。为了达到目标，世界各国签订了《蒙特利尔议定书》，其中明文规定不得排放多种氟氯碳化物，避免地球臭氧层的进一步损害。受到这一条约签订的影响，估计2030年之前，全球有百万例皮肤癌与白内障免于发生。

再来看看我们为产业、创新与基础设施以及负责任消费和生产两个目标做了哪些事情。截至2018年，全球各个国家已经投入了36亿美元用以升级现有工业设施，禁止了将近100种有害物质排入大气层，使得工业建设更加符合环境标准，减少有害物质排放，增加环境友好型工业的发展，更加符合可持续发展的要求。

最后，在促进目标实现的伙伴关系方面，全球付出了哪些努力？为了恢复大气臭氧层，保护地球生态环境，全球共有147个发展中国家和地区参与了全球性的共同行动。除了国家层面上的努力，个人行动也不可少。越来越多的活动号召全球儿童与青少年共同参与行动。臭氧英雄就是这样一个全球性的环境保护活动。世界各地的儿童和青少年都可以参与臭氧英雄的趣味问答题，发掘自己的超能力；了解臭氧层相关的知识，大气层对人类有什么保护作用，人类又能够为保护大气层做些什么。同时，这项活动也为全世界的青少年提供了一个交流的平台，让世界各地的青少年有机会参与到未来的活动中去。

良好健康与福祉，气候行动，产业、创新和基础设施，负责任消费和生产以及促进目标实现的伙伴关系，这些可持续发展议题其实距离我们并不远。只要有心留意，无论是电影，还是漫画，都能成为孩子学习的趣味教材。从兴趣开始，鼓励孩子了解可持续发展议题，其实并不难。

第6节
一场减少碳排放的明日之旅

前文谈到，可持续发展议题已经进入当代青少年的学习、考试和大学录取中。剑桥大学 FCE 考试里有一道阅读模考题，讲的是海洋哺乳动物研究所的工作，包括如何收集分析观测数据、海洋生物所面临的威胁等。

有些人认为环境问题太大，个人无法解决；另一些人认为，如果个人不采取一些行动，问题是无法解决的。题目要求讨论两方明确观点并给出自己的见解。要回答这道题，不仅要知道"全球变暖"（global warming）、"海平面上升"（sea level rises）等表述，还要能批判性地思考集体和个人在保护海洋方面的职责，全球胜任力在这里体现得非常明显，而这都要靠平时的积累。

由于题目涉及不少专业的表述，如果孩子对此闻所未闻，就很难理解文章内容。但是，如果孩子平时就关注这些信息，甚至为保护海洋采取过力所能及的行动，就更容易抓取有效信息，提高阅读速度和准确度。

环保议题也常出现在雅思、托福等留学考试中。2019年6月的雅思作文题目是："买私家车对于个人的好处大于对环境的坏处吗？"

课堂内外，孩子都会接触到与环境、气候变化相关的信息。从微博上的一条热搜，到电视上的一条新闻，都可以成为学习的起点。在这里，我们选择了一本适合孩子英文学习的绘本，帮助孩子在语言学习的同时，了解可持续发展议题。

学习资源

明日之旅

故事的主人公萨拉是一个生活在绿茵礁岛(属佛罗里达群岛)上的9岁女孩。她的父母在她很小的时候在一次潜水中遇上了有毒的箱形水母,不幸溺亡。幸运的是,萨拉当时穿着救生衣,离父母只有一码[①]远,没有被蜇伤。温和的洋流把她推向更远的海上,一群海豚救了她,而后海豚成了她的家人。一天,萨拉发现了她最喜欢的海豚"勇敢"的头卡在一个塑料环里,这个环深深扎进了它柔软的皮肤里。萨拉有生以来第一次感到害怕:她最好的朋友受伤了,疼痛难忍。从此,萨拉意识到海洋保护的重要性。

---

① 1码约等于0.9144米。

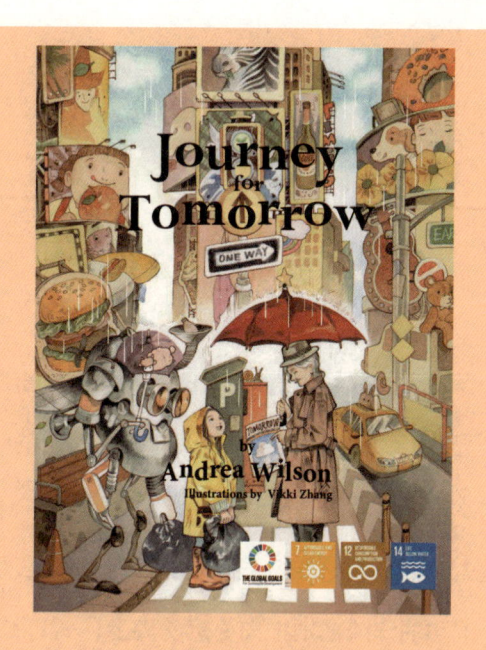

图8 绘本《明日之旅》

萨拉认为垃圾并不是唯一的问题。她想到了能源消耗，以及所有产生导致全球变暖的温室气体的汽车和工厂。她还想到了所有的动物，它们的栖息地被破坏了。萨拉特别担心砍伐树木的问题：动物会继续失去家园，树木无法从大气中吸收二氧化碳。砍伐树木会导致二氧化碳水平上升，进一步加速全球变暖。气温上升导致冰层融化，海平面上升，淹没人类和动物的生存家园。不仅如此,风暴会变得更强,沙漠变得更干燥,季风变得更湿润。随着环境破坏的持续,越来越多的物种濒临灭绝。同时,人类更加依赖于环境及其多样性,尤其是像萨拉一家这样生活在海边的人。

姑姑建议萨拉在互联网上查查联合国可持续发展目标。她立马被目标7——**经济适用的清洁能源**、目标12——**负责任消费和生产**,以及目标14——**水下生物**所吸引。她想啊想,终于找到了同时解决两个问题的方法:制造一台机器,将垃圾转化为清洁的电能,为世界提供动力——这将消除垃圾并减少温室气体的生产!萨拉决定环游世界去清理垃圾,通过她的行动,激励其他人跟随她的脚步。接下来,她带着得意之作"变形金刚"——一台可以将垃圾中的粒子动能和热能转化为电能的机器,踏上了环保之旅。

她从美国出发,先后去到了中国、英国、索马里等多个国家,最终在澳大利亚完成了清洁任务。在澳大利亚的最后一天,她看到一只美丽的海豚优雅地滑过。她想起了自己的海豚家人,想象着如果它们知道自己带着"变形金刚"正在清洁世界各地的动物栖息地,它们会有多高兴。

绘本里的故事,只是一个起点。在为集体福祉和可持续发展采取行动的过程中,我们可以用到可视化学习中的思维工具,进行下一步思考。比如选择身边同学、老师的视角,使用"进来—退出—退一步"的方法,思考如何能劝说他们加入环保的行动中。另外想要减少碳排放,我们可以从减少自身碳足迹开始,也可以从身边开始,改变生产和生活方式,影响社会和环境发展。选乘公共交通、使用再循环商品替代塑料制品、植树造林等,都是不错的方式。植根于生活,孩子才能更好地学习可持续发展目标,提升全球胜任力。

第7节
提供生命之源的魔法森林

提到节约用水,很多人可能会想到多年前电视里循环播出的一条广告语:"假如不节约用水,最后一滴水将会是你的眼泪。"这句话虽然是夸张了些,却不无道理。

水是生命之源,没有水,没有任何生物能生存下去。然而,最重要的生命之源却受到了严重的威胁,河流被污染,海洋被污染，饮水短缺的情况出现在许多地区，许多城市需要付出高昂的费用维持清洁饮水。

1990年以来，26亿人的饮水资源质量在逐步提高，但是仍有将近7亿人得不到清洁饮水的保障。世界上超过40%的人口受到缺水的影响，而这个数字还在逐年提高。超过80%的废水导致河流以及海洋的污染。

清洁饮水与生态环境有着紧密的联系。在**清洁饮水和卫生设施**这个可持续发展议题中，有一项内容就是要保护和恢复与水有关的生态系统，包括山地、森林、湿地、河流、地下含水层和湖泊。森林覆盖了我们地球陆地面积的将近31%，从我们吸入的空气再到我们喝的水，再到我们吃的食物，森林与我们的生活有着密切的关系。

那么，怎么帮助孩子学习和理解**清洁饮水和卫生设施**，以及其他与可持续发展议题相关的知识呢？清洁饮水又需要怎么融入可持续发展之中呢？我们可以来看看《魔法森林》这本漫画，书中的主角杰德和她的爸爸不仅面对着清洁饮水的问题，还需要思考如何让自己的村庄可持续发展下去。

---学习资源---

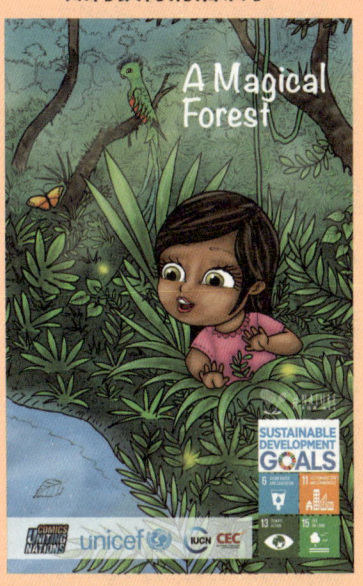

如何获得清洁饮水？

图9 漫画《魔法森林》

这一天，小女孩杰德的爸爸和他的团队正要上山，在山顶上建一个让所有人都能用上清洁饮水的水缸。突然，一阵"妖风"袭来，不仅挡住了他们上山的道路，还把他们吹回了山脚下。杰德爸爸的团队面临着失业的风险，他垂头丧气地回到了家。杰德开心地跑过来问爸爸有没有给她买她想要的自行车。爸爸说，山上的小精灵不让他们上山，他恐怕是要失业了，也没法给杰德买自行车了。杰德又生气又难过，她决定一个人去会一会山上的精灵，问一问他到底为什么让爸爸失业。

在山上，杰德果然遇见了小精灵，生气的她质问小精灵为什么要如此刻薄地对待自己的爸爸。小精灵解释说，他并不是针对他们，而是在保护人们。每当人们要建什么东西时，总会把山上的树砍掉，可是，这些树的树根在强降雨时能避免水土流失。一旦砍了，雨水就会混合着山上的泥土流入河流和大海，造成泥石流，甚至会将山脚下的村庄毁于一旦。杰德原本不信，可是她想起了另一座村庄的故事，全村为了建一个水缸，把山坡上的树都砍光了，这样一来，水缸是建好了，可是碰到暴雨天，村庄却遭了殃。

听到这里，杰德焦急地往回跑，她可不能让村里人为了一时的利益，毁了自己的家园。她对父母和村民们复述了一遍小精灵的话，她的父母半信半疑，村民们也不买账，还是准备伐木建路，为在山顶建水缸做准备。这一天，窗外狂风暴雨，飓风要来了。半夜，杰德被小精灵们推醒了。小精灵们警告杰德，由于村民们伐木造路，大雨一来，就会把村庄都冲走，他们必须要抓紧时间逃走了。

一场暴雨过后，许多村民们失去了自己的家园。但他们也恍然醒悟，宁愿不再建水缸，也不愿意把树砍掉了。这个时候，杰德的爸爸提出了一个主意，或许，他们可以在不伐木的基础上建一个洁净水缸。村庄的重建会花很长一段时间，但是想到他们是在为一个可持续发展的未来而奋斗，村民们感受到了一丝慰藉。

这个漫画故事一共涉及四个可持续发展议题：**清洁饮水和卫生设施、可持续城市和社区、气候行动以及陆地生物**。杰德的爸爸和同事们原本是为了给村子提供更清洁的水源，才想要在山顶建水缸，可没想到，为了建造和把材料运到山上，要砍掉树木，兴建道路，这违背了可持续发展的城市与社区的初衷，还破坏了**陆地生物**的生活环境。那么，森林之中的村民们要怎么才能既生活方便，又保持良好的森林环境呢？我们要怎么做，才能帮助住在边远山区的人们获得清洁饮水呢？真实的问题是很好的学习起点，让孩子可以进行下一步探索，并且为全球性议题提出自己的解决方案。

对科学感兴趣的孩子，可以把探索的过程当作一个有趣的科学实验来做。首先，可以在网上搜寻资料，了解不同地区的人们会用哪些方式获得清洁饮水；用过滤、烧开等方式获得的清洁饮水，是否能满足人们日常的需要。之后，孩子还可以像科学家一样提出问题，大胆假设和求证，比如，以"什么方式可以获得清洁饮水"为问题，设计实验，在实验中观察不同的方式对净化水资源的效果，在探索的过程中获得设计可行方案的启示。

第8节
会讲故事的餐盘——
17个可持续发展议题的综合应用

图10 联合国提出的17项可持续发展目标

最后，我们来看一个将所有可持续发展目标联系在一起的项目式学习案例。这个项目并不复杂，不需要特意准备教具，它就在每个人的身边，甚至，就在你我的餐盘里。

项目式学习

食物英雄

"食物英雄"这个项目主要是为了让孩子更好地了解盘中食物背后的故事。

第一步，简单介绍。孩子说出自己最喜欢的食物，然后，在图上画出昨天晚餐吃了什么，并好好保存起来，以备后续使用。

图11　孩子可以在餐盘中画出晚餐吃了什么，为下一步探究做准备

第二步，学习全球目标。孩子可以从可持续发展目标的图标入手，了解背后的意义和内容。然后，继续探索联合国及其各个部门的工作，了解这17个议题背后的故事，深刻理解在2030年前消除贫困、保护地球，确保所有人享受和平与繁荣的可持续发展目标。

第三步，认识全球目标与食物之间的联系。首先，孩子看看自己的盘子里有什么食物，然后，思考并解释人们在不同场景下的日常饮食对地球有哪些影响，并寻找事实或数据来支持其论点。最后，展示全球食物浪费造成的影响的统计数据，对此进行总结。每个人都可以通过多种方式来帮助实现2030年的全球目标，而世界上每个人都在做的事情对实现多个目标都有影响。

图12 我的盘子里有什么？想想餐盘里的食物和可持续发展议题有什么关系？

在探究问题、收集数据的过程中，我们从哪些角度寻找食物与世界的关联呢？这些又和可持续发展议题有什么关系呢？上面的这张图中提出了五个问题，几乎涉及了全部可持续发展议题。无论孩子的兴趣是食物，还是科学，都可以在这里找到自己感兴趣的方向。

(1) 哪些人帮助生产了我的食物？

生产食物的不光是农民，从田间到桌边包括许多商业环节，其间可能还有供应商、经销商的参与。如果你在餐厅用餐，还会有厨师、服务员经手食物。如果你点了外卖，还有外卖小哥辛苦地送到你家门口。那么，这些人都得到自己劳动所得了吗？在探究中，孩子可以学习到**无贫穷**、**体面工作和经济增长**，以及**减少不平等**的相关知识。

(2) 我的食物运输的路程有多远？

生活在城市的我们越来越习惯看到超市、便利店中的进口食物。这些食物乘着火车、飞机，横跨大洲、大洋，来到了我们身边。然而，这些食物对我们来说是必需品吗？如果不是，又有多少能源在运输过程中被浪费掉了呢？**经济适用的清洁能源、产业、创新和基础设施**以及**气候行动**相关的知识就可以融入孩子的学习中。

(3) 我的食物是怎么包装的？

走进超市，传统用油纸包鱼、草绳系菜的包装方式已经找不到了,取而代之的是与各种食物形影不离的塑料包装。然而,这些塑料包装却是许多水下和陆地生物的致命敌人。动物园里大象误食塑料袋的新闻令人触目惊心,怎样才能避免这样的悲剧?这就需要孩子进一步了解和学习**水下生物**以及**陆地生物**相关的知识了。

(4)我吃的食物够健康吗?

许多孩子喜欢快餐、零食,厂家也回应家长的需求,在市场上推出了一些标为"健康"的食品。但是,仔细看看食品背后的成分表,到底有多少食品属于健康的范畴呢?在学校,我们是不是需要一门讲解健康饮食相关的课程?这可以在探究**良好健康与福祉**以及**优质教育**两项议题中寻找答案了。

(5)我浪费了多少食物?

被扔掉的食物并不是扔进垃圾桶就结束了,垃圾怎样分类、怎样处理才能保障卫生,处理后的垃圾又有哪些用途,这些都是食物浪费衍生出来的问题。在回答这些问题的同时,孩子也可以进一步了解清洁饮水和卫生设施以及负责任消费和生产相关的知识。

第四步,自我评估。孩子可以评估自己的饮食习惯,从而更好地理解自己如何影响世界食物问题。问卷包括五个问题:

(1)你知道你的一餐中有多少成分是有机的吗?

(2)你扔掉了盘子里的多少食物?

(3)你盘子里的食物有多少来自本国?

(4)盘子里的食材有多少是用塑料包装的?

(5)你认为生产食物的人受到公平对待了吗?

这些问题的回答正好可以作为脚手架的材料,引入下一步的自主探究。

第五步,头脑风暴。孩子们可以以小组这单位,讨论每个人可以采取什么行动来减少食物浪费,成为"食物英雄"。比如,在家庭采购之前,先去查看一下家里的冰箱,列出购买清单,避免重复购买多余的食物。在采购时,不要把样貌不佳的蔬果从篮子里挑出去,它们吃起来和其他蔬果没什么区别。当然,无论在哪里,吃完盘子里的食物都是节约的好习惯。

　　第六步，总结。孩子自己总结在项目中的收获，可以在表格上写下他们从现在起承诺要做的最重要的三件事来减少食物浪费。

　　完成项目以后，孩子可以和家长一同记录一周内盘子里的食物，包括食物消耗和浪费的百分比，每天画一张图。然后召开家庭会议，讨论减少家庭垃圾的方法。当然，孩子也可以把数据和图片带到学校，这样他们就可以绘制图表、制作演示文稿并分享最佳实践。在学校，孩子计算一周浪费了多少食物，并计算出这可以喂饱多少人。然后，将结果通过社交网络与其他人分享，提高大家的节约意识。

　　在这个项目式学习中，餐盘不仅是吃饭的工具，还是学习的载体。餐桌不仅是进餐的地点，也可以是学习的地方。学习可持续发展议题，其实并没有那么困难。家长可以为孩子做出榜样，孩子也可以从小事着手，在生活中培养全球胜任力。

看到这里，你是不是已经对 17 个可持续发展议题有了一些了解？每个人都可以从身边的小事做起，为实现一个更美好的世界而付出自己的努力。不管是消除赤贫、对抗不平等和不公正，还是减少饥饿、解决气候变化问题，普通人都可以为实现全球目标做出一份贡献。

联合国推出了一本《懒人的救世指南》，里面提到了我们可以在沙发上、家里、户外和工作中可以做的事情，比如将电脑亮度调低、关注地方新闻、不浪费食物、少吃肉类与鱼类、避免预热烤箱、正确进行垃圾分类……许多有利于可持续发展的行为和活动，相信每个人在生活中都或多或少做到了一些，还可以做得更多。

本章中出现的与可持续发展议题相关的学习资源，可以与 APPB 学习法良好地衔接。绘本、漫画中的内容，为活动、项目提供了多样化的形式与素材。孩子也可以根据自己的兴趣，自选问题，设计项目式学习，在真实环境中应用知识与能力，提升全球胜任力。

后记

优加青少的黄金圈法则

　　大多数人习惯从外向内思考,也就是从"做什么"到"为什么",因为人往往先去解决最简单的问题,把难以回答的问题留到最后。然而,那些能够影响人、启发人、鼓舞人的个人或组织的行为都是从核心的"为什么"开始。"为什么"是黄金圈法则的核心,是信念、使命,是每个人追求更好的内驱力;外层是"怎么做",是我们受信念和使命驱动做出的举动;最外层的"做什么",是这些举动的结果。

　　思考优加青少的教育,我也从黄金圈法则出发,首先考虑"为什么"。生活在 21 世纪的青少年,知识与科技发展使他们有了相对充裕的物质保障,"可编码的工作"交给人工智能去做,从而有了更多闲暇从事富有创造性的活动,现代交通与通讯提供了便捷的出行与沟通,使他们有机会进行全球化学习,成长为全球公民。但另一方面,贫穷与战争仍然存在,气候与疾病问题越来越凸显。未来充满不确定性。传统教育已经不能满足当下与未来的生活和工作需求。在人工智能时代,只擅长记忆已有知识的人将沦为"二等机器人"。因此,我们要思考,教育如何让每个孩子发挥天生的学习能力,为未来的幸福生活与工作做好准备。全球胜任力,进入我们的视野。

2015 年,联合国提出 17 个可持续发展目标,应对人类面临的全球挑战,也成为实现所有人更美好和更可持续未来的蓝图。教育界对人类这一共同愿景做出回应,提出培养具有全球胜任力的青少年,以适应未来充满不确定性的工作与生活。这就成为 21 世纪青少年的使命:成长为具有全球胜任力的青少年。

全球胜任力是 21 世纪人才核心素养的重要指标,是参与全球竞争与合作的素养。经过长期研究与实践,我们提出"新航道全球胜任力模型"。模型是一座全球胜任力大厦,以全球视野为顶，中国根基为底，六大核心素养为支柱，两侧是作为硬能力的人文科技素养与外语能力，中间是作为软实力的国际人才核心素养 4C，即沟通、合作、批判性思维、创造与创新。

全球胜任力：与世界连接的能力
Global Competence: the Ability to Get Connected with the World

全球视野 Global Perspective

| 人文科技素养 STREAM | 批判性思维 Critical Thinking | 沟通 Communication | 合作 Collaboration | 创造与创新 Creativity and Innovation | 外语能力 Foreign Language Skills |

中国根基 Chinese Culture

新航道全球胜任力模型
New Channel Global Competence Model

图13 新航道全球胜任力模型

全球视野强调青少年要从不同层面了解世界，识别和明确个人在全球社会中的权利与义务，发现并积极应对全球问题，为集体福祉和可持续发展采取行动；硬能力与软实力像左右手，它们帮助青少年拥有探索世界的能力，又不失对美与真

177

情的追求。作为中国人，我们还强调扎根于中国文化生发出的顶天立地的力量，因此，具有全球胜任力的中国青少年，必须具有中国根基。

明确了为什么，接下来是怎么做，也就是如何培养全球胜任力。全球胜任力是一项多维能力，是知识、技能、态度和价值观的统一。要提升全球胜任力，青少年需要主动学习，并有时间和机会思考；要具有好奇心、批判性思维和创新能力，善于观察世界，发现问题，提出自己的解决方案；要能自信地表达个人看法，同时愿意尊重他人的观点，学会与不同背景的人交流与合作。培养青少年具备全球胜任力，对当前的学校教育提出了挑战，教师中心、教材中心、课堂中心这种传统的教学方式亟须变革。以学习者为中心，基于活动、项目、问题的学习法，正在引领优加青少的教学变革。

问题是最好的老师。APPB 学习法主张青少年学习者先问为什么，带着问题参与学习活动，从活动中增长知识、提升技能，然后将这些知识和技能应用于真实的项目，在寻找解决方案的过程中，增长新的经验。在不断学习、不断验证解决方案的过程中，深化对知识、技能的理解和应用，提出更有深度的问题，继续思考和探究，并尝试将想法付诸行动。由问题驱动的活动、项目，构成一个螺旋形上升的循环，不断推进学习的广度和深度。APPB学习法中，问题始终居于引领位置，也呼应黄金圈法则的为什么先行原则。

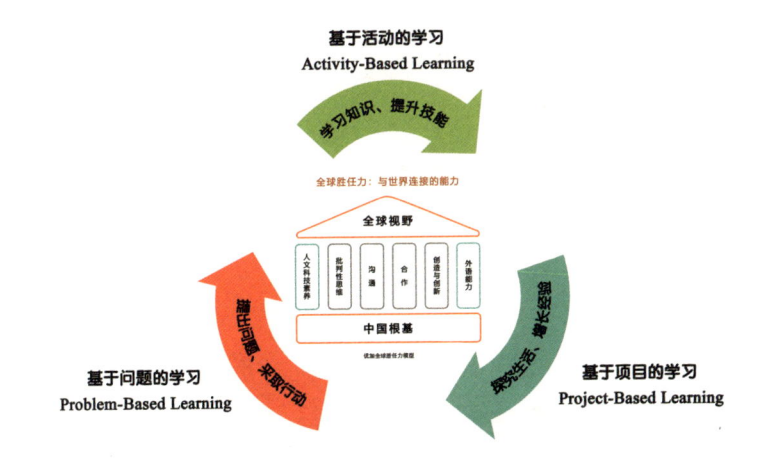

APPB 学习法应用于优加全球胜任力教育

The Activity-, Project-, Problem-Based Learning Approach in UBest Global Competence Education

图14　APPB学习法应用于优加全球胜任力教育

明确了黄金圈法则的"怎么做"，最后一个问题是"做什么"。

全球胜任力有四个要素：（1）关于地区、世界和其他文化的知识；（2）理解世界和采取行动的技能；（3）尊重不同文化背景的人的开放态度和全球意识；（4）尊重人的尊严和多样性。这四个要素指向的议题，就是联合国提出的17项可持续发展目标。这些议题与每个人的生活息息相关，又关切着人类命运，成为最佳的全球胜任力教育内容。

至此，优加青少的黄金圈法则明确下来：在21世纪，青少年的使命是不断提升全球胜任力，为实现人类更美好和更可持续的未来而学习和生活，基于活动、项目、问题的APPB学习法是最契合的学习方法，最佳学习内容是联合国提出的17项可持续发展议题。

全球胜任力是一个集知识、技能、态度和价值观的有机体，其内部各维度和要素之间彼此关联，零散、单一的活动难以培养出具有全球胜任力的青少年。系统谋划全球胜任力教育体系，关注全球胜任力各维度和要素的内在联系，以及不同年龄段孩子的认知特点，才能促进全球胜任力的发展。

为此，优加青少教育经过长期思考与调研，决定从2021年起，对课程体系进行全面升级。针对青少英语，分为幼儿启蒙、少儿基础、青少提高三个阶段，按12个级别梯度进阶设计课程，逐步培养孩子的全球胜任力。我们的教材与麦克米伦教育合作，分别是幼儿启蒙段的《摩天轮》(Ferris Wheel)、少儿基础段的《一起加油吧》(Give Me Five！)和青少提高段的《优化》(Optimise)。

全球胜任力教育强调学习与真实经验的联系，提倡跨学科学习。分科学习是工业时代教育的印记，在生活与工作中，我们要完成一项任务，往往需要同时调动不同的知识和技能。所以，在优加，我们首先将全球胜任力融入英语课程，提升孩子的外语能力；同时，我们将全球性议题和跨文化主题整合到英语学习活动中，通过项目式学习，扩展青少年的文学与科学素养、数理与逻辑思维，全面培养青少年的核心素养，重点提升英语能力。

按照青少年教育的黄金圈法则，我们改革了课程、教材与教学法，教师培训也同时启动。根据 2018 年 PISA 的全球胜任力报告，教师是影响学生学习结果的最重要因素之一。教师自身的全球胜任力水平、对全球胜任力的理解，以及他们设计、组织、评价全球胜任力教育教学活动的能力，都可能影响学生的全球胜任力发展。在 2020 年，我们通过"全球胜任力教育者发展计划",对全体教职员工开展了第一轮全球胜任力和 APPB 学习法的通识培训。除了通识培训,老师还要参加专题模块化培训、体验式工作坊,并且在教师学习社区进行持续研讨和学习。这些培训,首先提升教师自己的全球胜任力水平,其次提高他们的课程设计与实施能力,从而更胜任全球胜任力导师这一使命。

在优加,教师不只是在教室前面讲课,而是作为促进者,运用 APPB 学习法,建立有利于探究、创造和深度学习的环境,引导学习进程,让学生在活动和项目中,主动学习,思考问题,学以致用。这些活动、项目和问题随着课程的推进而变得越来越开放,随着年级的升高而变得更具挑战性。在这个过程中,学生既跟随教师学习新知识、练习新技能,又以小组合作的方式进行项目式学习,全方位发展核心素养。教师既是知识和学习资源的提供者,也是学习脚手架的搭建者,密切关注学生的学习进程,为学生提供有意义的评估反馈和评估建议。

那么,具有全球胜任力的青少年是什么样子?他们如何学习?这里跟大家分享两个优加小朋友的故事。

艾丽斯是一个有光环的孩子。她是全国大型演讲比赛年纪最小的优胜奖获得者，曾与美国前驻华大使骆家辉共进晚餐，三年级裸考初级英语考试并顺利通过，在多项不同的重要活动中担任过英文主持人。如果你遇到她，会看到一个笑起来很甜、有礼貌又古灵精怪的小孩儿，小小的身体里好像蕴藏着无穷无尽的能量。更让人印象深刻的是，艾丽斯在英语学习中总是会主动结合自己的生活。她的老师讲了这样一个小故事："我们讲'have been to'的时候，我在黑板上给的例句是'Jack has been to China.'（杰克去过中国。）同学们模仿时一般都是把Jack换成Tom（汤姆）或者把China换成Italy（意大利），艾丽斯不这样，她说：'I have been to ……'（我去过……）不要小看这一个单词的转化，主语换成了第一人称我，表明她在尝试将自己的生活经历与学习相结合。在这个过程中，她不但在学习知识、练习表达，而且在尝试进行真正的沟通交流。"

伊莎贝拉在小学二年级的时候参加剑桥英语高级英语证书考试，189分通过。通过高级英语证书考试是什么概念？至少相当于雅思7分的水平。雅思7分不是随随便便就能考出来的分数，何况对于一个8岁的小朋友而言。但是，如果你以为伊莎贝拉只是一个英语好的学霸，那就误会了。她不仅英语好，而且兴趣广泛，对科学、历史、地理、社会学等许多领域都有广泛的阅读。伊莎贝拉的妈妈曾经留学英国，看过世界的她，期望孩子能掌握英语这个工具，学习不同文化，看到和体验多姿多彩的世界。她说："英语只是一个工具，我希望她能够很好地运用这个工具去了解不同的社会人文，了解世界，而不光是停留在英语应试的这个环节上。"

艾丽斯与伊莎贝拉都还是小学生，全球胜任力在她们身上，不是空泛的概念，而是活泼生动的学习与生活。从学一门外语到阅读世界，从课堂上与同学老师的沟通到主持大型活动，优加的小朋友，就是这样从英语学习出发，结合自己真实的生活体验，思考、行动，不断增加看待世界的新角度，不断参与世界的变化，从而逐步成长为具有全球胜任力的中国青少年。

将英语课程升级成跨学科的全球胜任力课程，教师由传统的"教"转变为以学生为中心的促进者，无论是教研还是上课，比传统的单科教学都更具挑战性，对教师的知识和技能要求也更高。我们为此设立了优加青少年教育研究院，将研究与教学紧密结合，将教师培训常态化。

全球胜任力让我们透彻地想明白了"为什么"，APPB 学习法让我们明确"怎么做",17个可持续发展议题作为内容,贯穿优加新课程整个体系。青少年教育的黄金圈法则正在引领优加成为一所使命驱动的学校,致力于培养具有全球胜任力的中国青少年。这是优加的使命。

今年,是我从事教育工作的第38年,是优加青少教育成立第四年。行进在面向未来的教育之路上,我们不断遭遇挑战,不断革新教育观念,不断超越自我,也不断得到来自学员、家长和同行的信任、支持与鼓舞。

这是我的第二本全球胜任力专著,思考与创作过程中,得到许多专家学者、老师和家长们的积极反馈与鼓励,在此感谢所有给予我帮助的人。

特别感谢经合组织教育与技能司司长安德烈亚斯·施莱歇尔先生。他和他的团队两次出席"向日葵国际教育高峰论坛",无私分享他们的研究成果;2018年10月28日,他本人到访新航道总部,我们达成为全球胜任力而教的诸多共识;2019年11月,我们获得授权引进出版《未来世界青少年行动指南——PISA如何评估全球胜任力》《为全球胜任力而教——在快速变革的世界培养全球胜任力》两本著作。在本书创作完成后,我贸然写信邀请他作序，他欣然答应，隔天就发来了热情洋溢的推荐序言，使我倍感鼓舞。他说："今天，年轻人的全球胜任力可能会像他们的阅读、数学和科学能力一样深刻地影响我们的未来。教育不再仅仅是教给学生'某些东西'，而是帮助学生开发一个可靠的指南针、一些工具，使他们能够在日益复杂、多变和不确定的世界中自信地航行。"这是全球胜任力教育者的共识。

本书的文献研究工作主要由我们全球胜任力研究中心的小伙伴们完成，每一本厚厚的文献卷宗和多少次激情洋溢的探讨，都凝结着汗水与智慧。感谢你们的付出！本书案例大多得益于优加青少的实践，感谢每位尽心尽力的老师和富有创造力的同学！

在本书的出版过程中，感谢中信出版集团副总编辑、中信出版集团前沿出版社社长、总编辑蒋永军先生，本书策划编辑、中信出版集团文艺社社长、总编辑李静媛女士，本书的文字编辑王莹倩女士，是你们热情的鼓舞和富有洞察力的编辑使本书得到了高水平的提升。

胡敏
2021年1月5日

参考文献

[1] 陈采霞. 幸福就是一起成长：麻省理工金融小子养育手记 [M]. 北京：北京大学出版社，2018.

[2] 胡敏. 培养国际化人才：家庭教育的作为 [M]. 北京：世界知识出版社，2018.

[3] 胡敏. 全球胜任力：面向未来的青少年核心素养 [M]. 北京：东方出版社，2019.

[4] 经济合作与发展组织. 未来世界青少年行动指南——PISA 如何评估全球胜任力？[M]. 北京：北京师范大学出版社，2019.

[5] 经济合作与发展组织，亚洲协会. 为全球胜任力而教——在快速变革的世界培养全球胜任力 [M]. 北京：北京师范大学出版社，2019.

[6] 晋楠. 美国 300 多所高校招生重磅改革！不唯分数看什么？[N/OL]. 科学网，2020-07-06 [2020-11-27]. http://news.sciencenet.

cn/htmlnews/2020/7/442449.shtm.

[7] 联合国. 懒人的救世指南 [EB/OL]. [2020-11-27]. https://www.un.org/sustainabledevelopment/zh/takeaction/

[8] 联合国世纪粮食计划署获 2020 年度诺贝尔和平奖 [N/OL]. 联合国新闻, 2020-10-09 [2020-11-27]. https://news.un.org/zh/story/2020/10/1068792.

[9] 刘京秋, 哈维·阿尔维. 使命驱动型学校建设三部曲: 建设使命共振的学校 [M]. 北京: 教育科学出版社, 2020.

[10] 滕珺, 杜晓燕. 经合组织"全球胜任力"框架述评 [J]. 外国教育研究, 2018(12): 100-111.

[11] 消费新闻网. 杭州一位小学生手绘自己如何推动联合国可持续发展目标实现 [N/OL]. 中国日报中文网, 2019-03-14 [2020-11-27]. http://ex.chinadaily.com.cn/exchange/partners/82/rss/channel/cn/columns/vyuatu/stories/WS5c8a0025a31010568bdcf86a.html.

[12] 徐辉, 陈琴. 人类命运共同体视域下全球胜任力教育的价值取向与实践路径 [J]. 比较教育研究, 2020, 366(7): 3-11.

[13] 余闯. 2020 年泰晤士高等教育世界大学影响力排名发布 [N/OL]. 中国教育新闻网, 2020-04-23 [2020-11-27]. http://www.jyb.cn/rmtzcg/xwy/wzxw/202004/t20200423_319732.html.

[14] 袁野. 为解决粮食安全问题提供中国方案 [N/OL]. 中国青年报, 2020-09-22 [2020-11-27]. http://zqb.cyol.com/html/2020-09/22/nw.D110000zgqnb_20200922_4-01.htm.

[15] 中华人民共和国国务院. 国家中长期教育改革和发展规划纲要（2010-2020 年）[R/OL]. (2010-07-08) [2021-01-12]. http://www.most.gov.cn/kjzc/gjkjzc/gjkjzczh/201308/P020130823574944373948.pdf.

[16] 张民选, 朱福建. 国际视野下的学生全球胜任力: 现状、影响

及培养策略——基于 PISA 2018 全球胜任力测评结果的分析 [J]. 开放教育研究, 2020, 26(6): 4-16.

[17] 钟周, 张传杰. 立足本地, 参与全球: 全球胜任力美国国家教育战略探析 [J]. 清华大学教育研究, 2018(2): 60-68.

[18] Schaffer. D. R, Kipp, K. 发展心理学（第九版）[M]. 邹泓等, 译. 北京: 中国轻工业出版社, 2016.

[19] An Id-Global bundle to foster global thinking dispositions through global thinking routines. Developed by Project Zero, a research center at the Harvard Graduate School of Education [R/OL]. [2021-01-12]. http://www.pz.harvard.edu/sites/default/files/Global%20Thinking%20for%20ISV%202017%2006%2023_CreativeCommonsLicense.pdf.

[20] David,P Guardians of the Galaxy: Ozone Heroes[EB/OL]. Marvel Comics. 2017-09-08 [2020-11-27]. https://read.marvel.com/#/book/46539.

[21] Dyer K, Harwood K. FCE Practice Tests with key [M]. Cheltenham: ELI Publishing, 2010.

[22] Guzman C, Rincon L A. A Magical Forest [EB/OL]. Comics Uniting Nations. [2020-11-27]. https://www.yumpu.com/en/document/fullscreen/62597926/a-magical-forest.

[23] Jambon M, Madigan S, Plamondon A, et al. The development of empathic concern in siblings: A reciprocal influence model[J]. Child development, 2019, 90(5): 1598-1613.

[24] McGrath J R. Linking pedagogical practices of activity-based teaching[J]. International Journal of Interdisciplinary Social Sciences, 2011, 6(3).

[25] Project Zero. Claim, Support, Question, A routine for reasoning with evidence. [EB/OL]. Harvard Graduate School of Education. [2020-12-12]. http//www.pz.harvard.edu/sites/defalt/files/

Claim%20Support%20Question_0.pdf.

[26] Sioni, T. The Visible Girls [M]. The Voices of Future Generations International Children's Book Series [S.l.]. 2017.

[27] Sizmur J, Brzyska B, Cooper L, et al. Global School Partnerships Programme Impact evaluation report[J]. Slough: NFER, 2011.

[28] Stockholms stad. International Exchange/Global Citizen[EB/OL].2017. [2021-01-12]. https://internationalschoolofthestockholmregion.stockholm.se/international-exchangeglobal-citizen.

[29] The United Nations. Sustainable Development Goal 4 Quality Education [EB/OL]. [2020-11-27]. https://www.un.org/sustainabledevelopment/education/.

[30] The United Nations. Sustainable Development Goal 5 Gender Equality [EB/OL]. [2020-11-27]. https://www.un.org/sustainabledevelopment/gender-equality/.

[31] The United Nations. Sustainable Development Goal 6 Clean Water and Sanitation [EB/OL]. [2020-11-27]. https://www.un.org/sustainabledevelopment/water-and-sanitation/.

[32] The United Nations. Sustainable Development Goal 11 Sustainable Cities And Communities [EB/OL]. [2020-11-27]. https://www.un.org/sustainabledevelopment/cities/.

[33] The United Nations. Sustainable Development Goal 15 Life On Land [EB/OL]. [2020-11-27]. https://www.un.org/sustainabledevelopment/biodiversity/.

[34] The United Nations. Take Action for the Sustainable Development Goals [EB/OL]. [2020-12-12]. https://www.un.org/sustainabledevelopment/sustainable-development-goals/.

[35] The Who Am I? thinking routine was developed by Project Zero, a research center at the Harvard Graduate School of Education. [R/OL]. [2021-01-12]. http://www.pz.harvard.edu/sites/default/files/Who%20Am%20I%20-%20Exploring%20Complexity.pdf.

[36] US Department of Education. Succeeding Globally Through International Education and Engagement [R/OL]. 2014-11-11 [2021-01-12]. http://www2.ed.gov/about/inits/ed/internationaled/international-strategy-2012-16.pdf.

[37] Wilson,A. Journey for Tomorrow [EB/OL].[2021-01-12]. https://worldslargestlesson.globalgoals.org/wp-content/uploads/2020/08/Journey-for-Tomorrow-by-Andrea-Wilson.pdf.

[38] World's Largest Lesson. From Where I Stand [EB/OL]. [2020-11-27]. https://worldslargestlesson.globalgoals.org/wp-content/uploads/2020/08/Final-Gender-Equality-Lesson-Plan-1.pdf.

[39] World's Largest Lesson. Peace Path [EB/OL]. [2020-11-27]. https://worldslargestlesson.globalgoals.org/wp-content/uploads/2020/08/Peace-Path-Explorers-for-the-Global-Goals.pdf.

[40] World's Largest Lesson. Plate Pioneer Z: Every Plate Tells a Story [EB/OL]. [2020-11-27]. https://c15a759148e3465c-c1e0-b5c37212e1d32204235caf5298e9144a.ssl.cf5.rackcdn.com/2017/07/Every-Plate-Tells-A-Story-PP-May-181.pdf.

[41] World's Largest Lesson. The world is not equal, is that fair [EB/OL] [2020-11-27]. https://worldslargestlesson.globalgoals.org/wp-content/uploads/2020/08/The-world-is-not-equal.-is-that-fair-Online.pdf.

立体阅读

《问题是最好的老师：
青少年教育的黄金圈法则》

可持续发展目标
可持续发展议题的漫画、绘本和游戏

必读

本书参考文献

讲座

文献

胡敏教授
主题讲座

拓展

PISA 2018

PISA2018例题

如果想读懂、读透这本书，提升全球胜任力，请关注"向日葵国际教育"微信公众号，回复"黄金圈法则"获取上述资源。